LE GRAND VERGLAS

LE GRAND VERGLAS

RÉCIT EN IMAGES DE LA TEMPÊTE DE JANVIER 1998. TEXTE DE MARK ABLEY TRADUIT PAR CHARLY BOUCHARA

© 1998 The Gazette (Montréal)

Mark Abley : texte

Charly Bouchera : traduction

Publié au Canada par Livres Toundra

a/s Diffusion Prologue, 1650, boul. Lionel Bertrand, Boisbriand (Québec) J7H 1N7

Reproduction autorisée des photographies par The Kingston Whig-Standard, The Brockville Recorder & Times, The Ottawa Citizen, Le Droit (Ottawa), The Cornwall Standard Freeholder, The Gazette (Montréal), La Presse (Montréal), La Voix de l'Est (Granby), Le Nouvelliste (Trois-Rivières).

Données de catalogage avant publication (Canada)

Abley, Mark, 1955-

Le grand verglas : récit en images de la tempête de janvier 1998

Traduction de : The Ice Storm.

ISBN 0-88776-479-7

1. Tempêtes de verglas – Canada (Est). 2. Tempêtes de verglas – Canada (Est) – Ouvrages illustrés. 3. Tempêtes de verglas – Nouvelle-Angleterre. 4. Tempêtes de verglas – Nouvelle-Angleterre – Ouvrages illustrés. 5. Tempêtes de verglas – New York (État). 6. Tempêtes de verglas – New York (État) – Ouvrages illustrés. I. Titre.

QC926.45.C2A2414   1998   363.34'92   C98-941304-7

Composition par Édition électronique Niche

Imprimé et relié au Canada

1 2 3 4 5 6   03 02 01 00 99 98

Toundra remercie le Conseil des Arts du Canada de l'aide accordée à notre programme de publication.

Toundra reconnaisse l'aide financière du gouvernement du Canada par l'entremise du Programme d'Aide au Développement de l'Industrie de l'Édition pour nos activités d'édition.

Photographies :

Couverture : *Avenue Oxford, Notre-Dame-de-Grâce, Montréal*, Peter Martin, The Gazette. Quatrième de couverture : *Fenêtre de givre, Saint-Jean-Baptiste-de-Rouville, Québec* (Dave Sidaway, The Gazette). *Gérard Myles s'éclairant à la bougie, canton de Ramsay* (Bruno Schlumberger, Ottawa Citizen). *Pylône effondré, rive-sud, Montréal* (Robert Skinner, La Presse).

Pages de garde et page ci-contre : *Arbres du mont Royal* (André Pichette).

Le mont Royal sous la pluie verglaçante. (André Pichette, The Gazette)

Brindille de glace. (Phil Kall, Brockville Recorder and Times)

Table des matières

Préface

Ce livre consacré à la tempête de glace qui malmena l'est du Canada et le nord-est des États-Unis en janvier 1998 est le fruit de la collaboration exceptionnelle de neuf quotidiens du Québec et de l'Ontario.

En temps de crise, le public attend de son journal qu'il se montre digne de sa confiance et de son intérêt. Ces neuf journaux ont joué un rôle essentiel pendant le verglas en brisant l'isolement et l'impuissance ressentis par la population et en tenant leurs lecteurs informés de l'évolution de la situation dans leurs collectivités.

Les quotidiens sont habitués à couvrir des évènements exceptionnels et des crises comme celle que nous avons traversée, mais la tempête de glace eut ceci de particulier que de nombreux journalistes et photographes vivaient les mêmes problèmes que le reste de nos concitoyens. Tout en apportant leur témoignage sur le verglas et ses conséquences, ils devaient surmonter bien des difficultés et parfois apprendre à vivre sans lumière ni chauffage dans leurs propres foyers.

Alors que tout semblait s'être pétrifié autour de nous, les journaux continuaient d'être imprimés. Dans bien des endroits, le courrier n'était plus livré, mais la distribution des quotidiens se poursuivit et les abonnés continuèrent à les trouver devant leur porte.

À toute chose malheur est bon, et dans les jours les plus sombres de ce tragique mois de janvier, nous avons découvert que nous pouvions compter les uns sur les autres. C'est dans ce même esprit de collaboration que nous avons décidé de mettre nos ressources en commun pour publier ce livre. Nous espérons qu'en le feuilletant, ceux et celles d'entre vous qui ont traversé cette épreuve revivront quelque peu ce « grand verglas » que nous ne sommes pas près d'oublier.

• Pierre Bergeron, éditeur, Le Droit (Ottawa)
• John Farrington, éditeur, The Cornwall Standard Freeholder
• Pierre Gobeil, éditeur, La Voix de l'Est (Granby)
• Michael Goldbloom, président, éditeur, The Gazette (Montréal)
• Hunter S. Grant, président, coéditeur, The Brockville Recorder & Times
• Fred Laflamme, éditeur, The Kingston Whig Standard
• Roger D. Landry, président, éditeur, La Presse (Montréal)
• Russell A. Mills, président, éditeur, The Ottawa Citizen
• Jean Sisto, président, éditeur, Le Nouvelliste (Trois-Rivières)

Remerciements

Pour tous ceux que le verglas et ses conséquences affectèrent, pour les journalistes et les photographes qui couvrirent ces événements, ce fut une période bouleversante. La tempête de janvier 1998 fut l'évènement météorologique le plus destructeur de l'histoire canadienne contemporaine. Des millions de nos concitoyens furent plongés dans le noir et le froid, et pour certains les pannes durèrent jusqu'à trente-trois jours. Il y eut des décès, des blessés et nombre de gens désemparés, isolés et effrayés. L'ampleur des dégâts est impressionnante et les blessures infligées à la nature mettront longtemps à guérir.

Mais, bien plus qu'une perturbation météorologique exceptionnelle, plus qu'une longue panne généralisée, ce fut une histoire.

Une histoire de bravoure pour rétablir le réseau électrique et prévenir la perte de vies humaines. Une histoire héroïque jouée par les milliers de soldats et monteurs de lignes de tout le pays, les intervenants des centres d'urgence, les bénévoles, les citoyens ordinaires qui luttèrent contre les éléments et s'entraidèrent pour retrouver le cours d'une vie normale.

La tempête et les semaines qui suivirent nous rappelèrent quelques vérités fondamentales : notre fragilité, la force de la nature et la capacité des êtres humains à se rapprocher les uns des autres en des temps difficiles.

À Hemmingford, Québec, la région est dévastée. (John Kenney, The Gazette)

Cette histoire, nous avons voulu la conter à travers ces quelque deux cents photographies des meilleurs photographes de presse canadiens et un texte de Mark Abley, journaliste de The Gazette.

Bien d'autres personnes talentueuses ont également participé à cet ouvrage : Alison Marks, sans qui il n'aurait pu voir le jour, Arden Lanthier, Dennis Dubinsky, Armand Favreau, Tim Simpson et Robert Ramsey (The Gazette). Je tiens aussi à remercier Jean Goupil (La Presse), Alain Dion et Michel St-Jean (La Voix de l'Est), Doris Dionne (Le Nouvelliste), Dave Taylor (Brockville Recorder and Times), Ian MacAlpine (Kingston Whig-Standard), Drew Gragg, Claire Gigantes, Scott Parker and Wayne Cuddington (Ottawa Citizen).

Merci également à Charly Bouchara pour son travail dans la préparation de la version française, à Hélène Lecaudey et à Sari Ginsberg (McClelland & Stewart).

Jennifer Robinson
Directrice de l'ouvrage
Rédactrice associée de The Gazette

Les chiffres de la tempête

C e fut la tempête de glace du siècle, cinq jours de pluie verglaçante qui provoquèrent chaos et destruction, plongèrent le pays dans l'obscurité et furent à l'origine de plusieurs décès. La glace ne fit pas de quartier. Elle écrasa les arbres, faucha les pylônes électriques et, sur un immense territoire, recouvrit d'une couche épaisse les routes, les habitations et les véhicules.

Des millions de foyers, de fermes et d'entreprises de l'est de l'Ontario, du Québec, des provinces maritimes et du nord-est des États-Unis furent privés de courant pendant des jours et même des semaines.

Dans la région du Québec qui se mérita le surnom de « triangle noir », les dégâts furent impressionnants ; d'après les estimations d'Environnement Canada, le système d'alimentation en électricité y fut entièrement détruit par 100 mm de précipitations verglaçantes. Le reste du réseau, au bord de la catastrophe, faillit subir le même sort. Montréal

À gauche : Le soldat Patrick Szilbereisz et son régiment aident les équipes d'Hydro-Québec à déblayer les fils électriques à l'ouest de Saint-Jean-sur-Richelieu. Au Québec (12 000) et en Ontario (4000), soldats et réservistes collaborèrent au déblaiement des arbres, des branches et des fils abattus, au déplacement des citoyens vers les centres d'hébergement et au maintien de l'ordre. Ce fut la plus importante mobilisation à des fins humanitaires de l'histoire des Forces armées canadiennes. (Gordon Beck, The Gazette)

D'après Environnement Canada, c'est à Saint-Hubert que l'on a mesuré la plus forte accumulation de pluie verglaçante (78,4 mm). Dans le triangle noir qui comprenait les villes de Saint-Hyacinthe, Farnham et Saint-Jean-sur-Richelieu, il n'y a pas de station météorologique, mais Environnement Canada estime à 100 mm le total des précipitations. (Michel St-Jean, La Voix de l'Est)

frôla le désastre le jour où tout l'ouest de la ville, et ce secteur vital qu'est le centre-ville, furent privés d'électricité. Des milliers de personnes se réfugièrent dans des centres d'hébergement. L'armée se joignit à la police pour patrouiller les rues.

La tempête et ses désastreuses conséquences permirent au pire et au meilleur de se manifester chez ceux qu'elle affecta : la bravoure, l'ingéniosité et la patience, l'inquiétude et la peur, la cupidité et la générosité, la compassion et le sens de la collectivité, le désir de venir en aide à ceux qui en avaient besoin.

LES PANNES

Plus de 5 millions de personnes furent touchées par au moins une panne :

- Au Québec, 1 400 000 foyers totalisant près de 3,5 millions de personnes, soit la moitié de la population, subirent des pannes multiples. La panne la plus longue dans le secteur résidentiel dura 34 jours.
- En Ontario, 235 000 foyers, soit environ 600 000 personnes, se retrouvèrent sans électricité.
- Au Nouveau-Brunswick, ils étaient 28 000.
- En Nouvelle-Écosse, 20 000.
- Aux États-Unis, plus de 545 000 foyers – plus de 1 million d'âmes – furent touchés par les pannes qui suivirent la tempête. Dans le Maine, où ils furent 315 000 sans courant, l'état d'urgence fut décrété. Dans le New Hampshire, qui compta 67 000 foyers privés d'électricité, l'état d'urgence fut déclaré dans neufs des dix comtés. Dans l'État de New York, ils étaient 130 000 dans le noir, et l'état d'urgence fut déclaré dans dix des soixante-deux comtés. Dans le Vermont, les pannes affectèrent 33 000 foyers et l'état d'urgence fut déclaré dans six des quatorze comtés.

Tours d'acier recroquevillées dans la neige. (Bernard Brault, La Presse)

LES RÉSEAUX D'ÉLECTRICITÉ

- Au Québec, plus de 3000 km du réseau d'Hydro-Québec ont été endommagés, pour un total de 24 000 poteaux, 4000 transformateurs et 1000 pylônes d'acier.

- En Ontario, le décompte révèle que 11 000 poteaux, 1000 transformateurs et 300 tours d'acier ont été touchés.

LES EXPLOITATIONS AGRICOLES

Le bétail, les élevages de volailles, les érablières, les vergers et les forêts ont souffert de la tempête et des pannes qu'elle provoqua. Sans électricité, plus de 5000 producteurs laitiers se virent forcés de jeter 13,5 millions de litres de lait, soit une perte évaluée à 7,8 millions de dollars.

- Au Québec, 17 000 fermes ont subi des dégâts. Les premières évaluations font état de pertes s'élevant à près de 14 millions de dollars.

- Dans l'est de l'Ontario, 10 000 fermes ont évalué leurs pertes à 11 millions de dollars.

- Des millions d'arbres ont été gravement meurtris ou détruits par le poids de la glace, et il est pratiquement impossible de mesurer l'ampleur véritable des dégâts pour toute la zone touchée. Sur le Mont-Royal seulement, 140 000 arbres ont été atteints, soit près de 80 % de tous les arbres de la montagne montréalaise, et 5000 sont irrémédiablement perdus.

LES DOMMAGES

Le Bureau d'assurance du Canada estime que le total des réclamations pour des préjudices causés par la tempête de glace dépassera le milliard de dollars.

Rue Principale, Granby, Québec. (Alain Dion, La Voix de l'Est)

- 576 950 réclamations, évaluées à 871 millions de dollars, ont été déposées au Québec.
- 77 000 réclamations déposées en Ontario pour un montant total de 200 millions de dollars.
- Dans les provinces maritimes, 200 réclamations évaluées à 2 millions de dollars.

À court terme, le coût de la tempête s'élève à 1 milliard 400 millions de dollars au Québec et à 200 millions en Ontario.

L'AIDE

Si le manque de chauffage se fit cruellement sentir pendant la tempête et les pannes, il n'en fut pas de même en ce qui concerne la chaleur humaine, la générosité et la compassion. Policiers, pompiers, soldats, travailleurs des services de santé, bénévoles, voisins, parents et amis se remontèrent les manches pour aider ou s'entraider, pour consoler et remonter le moral, pour veiller au bien-être de chacun.

- Au Québec, 454 centres d'urgence furent ouverts pour accueillir les sinistrés privés de courant et de chauffage. En Ontario, il y en eut 85.
- Santé Canada mit 24 000 lits pliants, 76 000 couvertures et 8 840 brancards à la disposition des centres d'hébergement.
- La Croix-Rouge canadienne déclare avoir reçu 11,5 millions de dollars de dons pour les secours aux sinistrés. Pendant la tempête et au cours des semaines qui suivirent, 3300 employés et bénévoles vinrent en aide à plus de 334 000 personnes.
- Près de 16 000 soldats et réservistes furent mis à contribution : 12 000 au Québec et 4000 en Ontario.

Ernest et Ethel Jubien, en 1991, dans la roseraie de leur maison de Ville Mont-Royal. Ils furent parmi les 22 Québécois qui périrent des suites de la tempête. Un incendie détruisit leur maison alors qu'ils tentaient de se protéger du froid devant leur cheminée. En Ontario, il y eut quatre décès liés à la tempête, six dans l'État de New York et trois dans le Maine. Les principales causes furent les incendies, l'hypothermie, l'intoxication par l'oxyde de carbone et les chutes de glace.
(Marie-France Coallier, The Gazette)

Une route près de Farnham, Québec. (Michel St-Jean, La Voix de l'Est)

Gary et Jacqueline Stewart contemplent leur maison détruite par un incendie à Russel, Ontario. (John Major, Ottawa Citizen)

À droite : Les gens utilisèrent les génératrices, les poêles à gaz, les feux de foyers et même les bougies pour tenter de se chauffer; avec parfois des conséquences tragiques. Des pompiers luttent contre l'incendie qui ravage la maison de Neil Reynolds, rédacteur en chef du Citizen, le 7 janvier à Rockcliffe, Ontario. (Patrick Doyle, Ottawa Citizen)

Ci-dessus: Pour les producteurs laitiers, l'électricité est essentielle au fonctionnement des pompes, au chauffage des étables, à l'alimentation et à la traite des vaches. De nombreux animaux périrent à cause des pannes de courant. Sur cette photo, Ginette Hébert, de Machabee Animal Food Ltd. à Saint-Albert, Ontario, passe près d'un monceau de carcasses de Holsteins. (Dave Chan, Ottawa Citizen)

En haut, à gauche: Gouttière de glaçons. Cornwall, Ontario.
(Todd Lihou, Cornwall Standard Freeholder)

Ci-contre: Cet immeuble du boulevard Lasalle à Verdun s'est effondré sous le poids de la glace accumulée sur le toit. (John Kenney, The Gazette)

À gauche : À un passage à niveau de la Route 235 près de Farnham, Québec.
(Michel St-Jean, La Voix de l'Est)

À droite : Le « grand verglas » détruisit près de 5000 arbres du mont Royal et en endommagea quatre sur cinq. Près d'un mois après, le nettoyage commença.
(Armand Trottier, La Presse)

Dans l'œil de la tempête : comment se forme la pluie verglaçante

Les précipitations verglaçantes comme celles qui sont tombées sur le Québec du 5 au 10 janvier se forment lorsqu'une masse d'air chaud et humide en déplacement rencontre une masse stationnaire d'air froid. L'air chaud s'élève au-dessus de l'air froid et l'humidité se condense en un mélange de pluie et de grésil (minuscules particules de glace).

C'est seulement dans une bande relativement étroite le long de la rencontre des masses d'air que les conditions prédisposent à la formation de pluie verglaçante (ou givrante). Cette zone se trouvait à la verticale du Québec et de l'Ontario au début de janvier.

❸ En très haute altitude, l'air chaud se condense et forme des nuages.

Air chaud et humide

Montréal

❷ Au point de rencontre, la masse d'air chaud s'élève et passe au-dessus de la masse d'air froid.

❶ Le 5 janvier, trois masses successives d'air chaud et humide quittent le golfe du Mexique pour le nord. Elles provoquent des pluies abondantes sur une bande s'étendant de l'Alabama à l'Ohio avant de rencontrer une masse stationnaire d'air froid dans la vallée du Saint-Laurent.

MASSE D'AIR FROID

MASSE D'AIR CHAUD

Golfe du Mexique

GRANULES DE GLACE

La pluie traverse les couches d'air froid et se transforme en granules de glace.

PLUIE VERGLAÇANTE

Air froid

❹ Dans le nuage, la vapeur d'eau se condense en granules de glace (grésil) qui tombent vers le sol.

❺ Traversant l'air chaud, les cristaux de glace fondent et se changent en pluie.

❻ Les gouttes se refroidissent à l'extrême en traversant la couche d'air froid, mais restent à l'état liquide même sous le point de congélation. Elles se congèlent dès qu'elles entrent en contact avec le sol et forment une couche de verglas.

Conception graphique : Dean Tweed, The Gazette

Ci-dessus : Aux premières heures de la tempête, les équipes de déneigement répandirent des abrasifs et essayèrent de dégager les routes, mais la pluie verglaçante rendait toute intervention inutile. (Sylvain Marier, Le Droit)

À droite : Pluie, grêle ou neige ne peuvent empêcher la distribution du courrier, mais la tempête de glace le fit ! Route 235, près de Farnham, Québec. (Michel St-Jean, La Voix de l'Est)

La tempête et ses statistiques

Températures quotidiennes pour l'île de Montréal

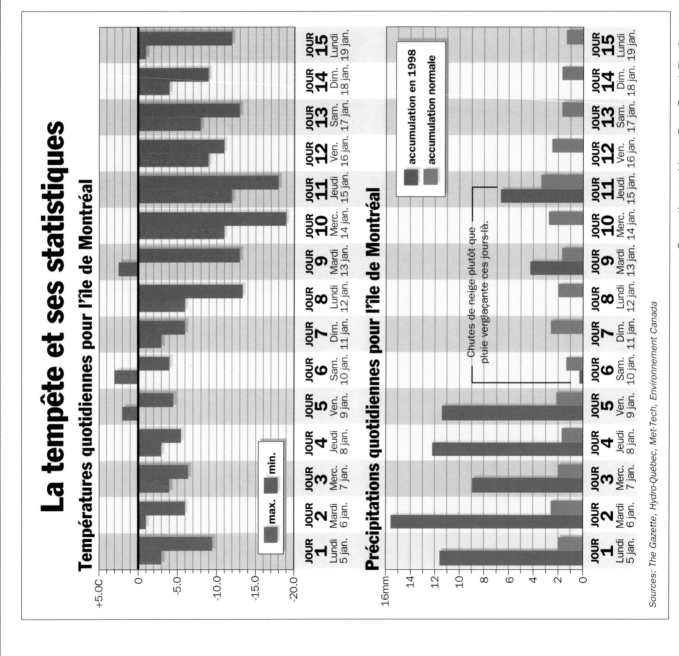

Précipitations quotidiennes pour l'île de Montréal

Chutes de neige plutôt que pluie verglaçante ces jours-là.

accumulation en 1998
accumulation normale

max.
min.

| | JOUR 1 Lundi 5 jan. | JOUR 2 Mardi 6 jan. | JOUR 3 Merc. 7 jan. | JOUR 4 Jeudi 8 jan. | JOUR 5 Ven. 9 jan. | JOUR 6 Sam. 10 jan. | JOUR 7 Dim. 11 jan. | JOUR 8 Lundi 12 jan. | JOUR 9 Mardi 13 jan. | JOUR 10 Merc. 14 jan. | JOUR 11 Jeudi 15 jan. | JOUR 12 Ven. 16 jan. | JOUR 13 Sam. 17 jan. | JOUR 14 Dim. 18 jan. | JOUR 15 Lundi 19 jan. |

Sources: The Gazette, Hydro-Québec, Met-Tech, Environnement Canada

Conception graphique : Dean Tweed, The Gazette

Un geai bleu s'abrite sous un cèdre près de Merrickville, Ontario. La plupart des espèces d'oiseaux supportèrent assez bien le mauvais temps, mais les perdrix et les gélinottes subirent de lourdes pertes. (Lynn Ball, Ottawa Citizen)

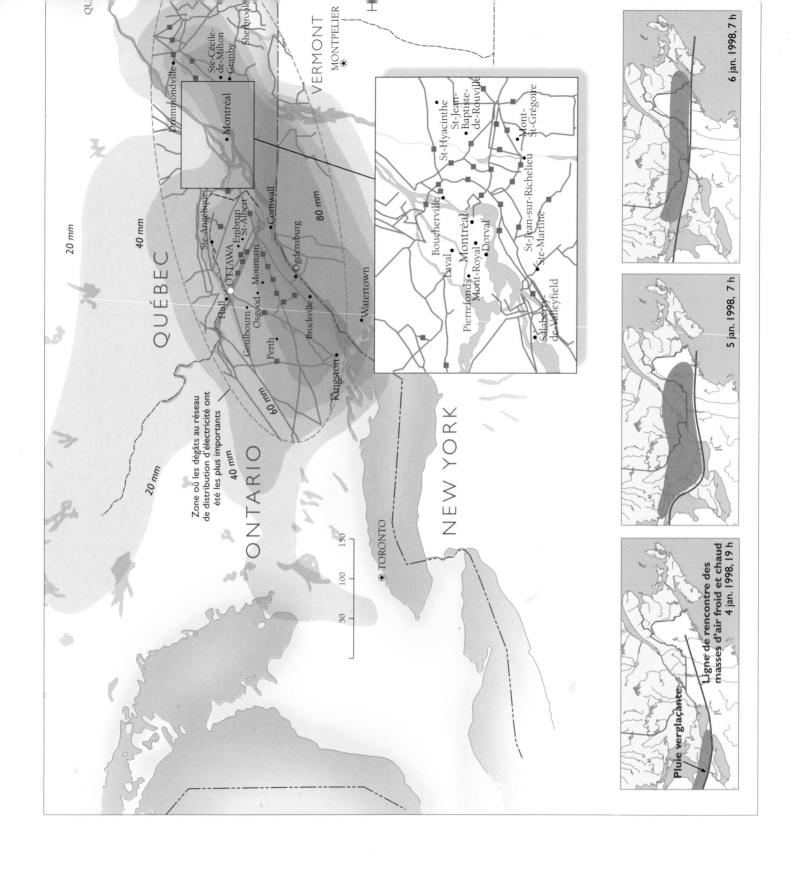

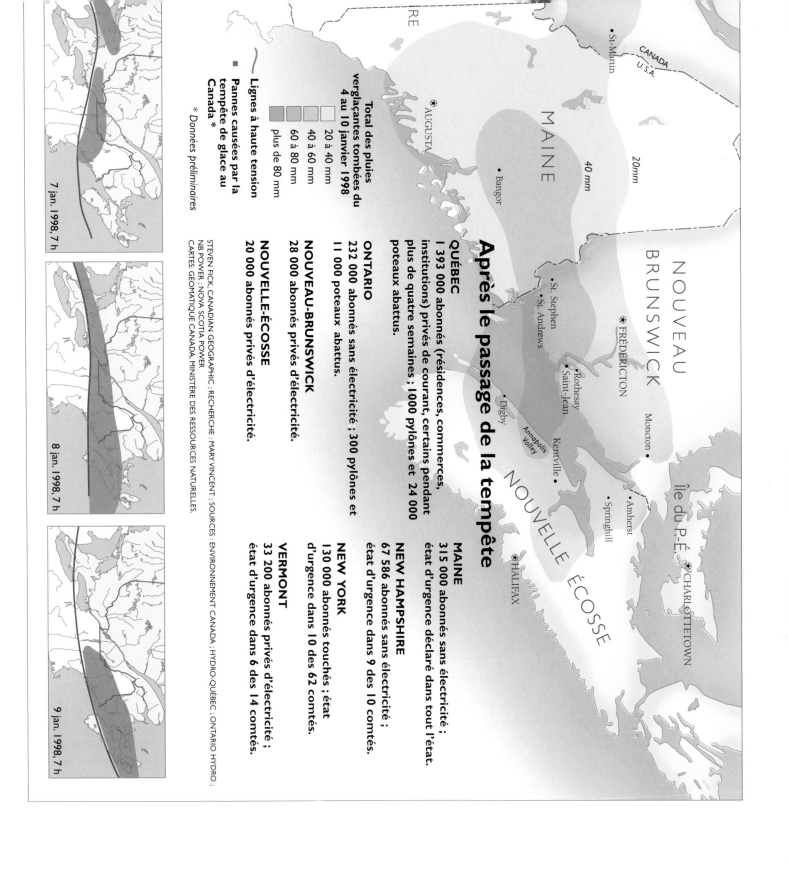

Après le passage de la tempête

QUÉBEC
1 393 000 abonnés (résidences, commerces, institutions) privés de courant, certains pendant plus de quatre semaines ; 1000 pylônes et 24 000 poteaux abattus.

ONTARIO
232 000 abonnés sans électricité ; 300 pylônes et 11 000 poteaux abattus.

NOUVEAU-BRUNSWICK
28 000 abonnés privés d'électricité.

NOUVELLE-ÉCOSSE
20 000 abonnés privés d'électricité.

MAINE
315 000 abonnés sans électricité ; état d'urgence déclaré dans tout l'état.

NEW HAMPSHIRE
67 586 abonnés sans électricité ; état d'urgence dans 9 des 10 comtés.

NEW YORK
130 000 abonnés touchés ; état d'urgence dans 10 des 62 comtés.

VERMONT
33 200 abonnés privés d'électricité ; état d'urgence dans 6 des 14 comtés.

Total des pluies
verglaçantes tombées du
4 au 10 janvier 1998

20 à 40 mm
40 à 60 mm
60 à 80 mm
plus de 80 mm

— Lignes à haute tension

■ Pannes causées par la tempête de glace au Canada *

Données préliminaires

7 jan. 1998, 7 h

8 jan. 1998, 7 h

9 jan. 1998, 7 h

STEVEN FICK, CANADIAN GEOGRAPHIC ; RECHERCHE : MARY VINCENT ; SOURCES : ENVIRONNEMENT CANADA ; HYDRO-QUÉBEC ; ONTARIO HYDRO ; NB POWER ; NOVA SCOTIA POWER. CARTES: GÉOMATIQUE CANADA, MINISTÈRE DES RESSOURCES NATURELLES.

Chapitre un

L'ÉPREUVE COMMENCE

Au petit matin, le premier jour du « grand verglas », les sapins de Noël jaunis attendaient sur les trottoirs les camions qui viendraient les ramasser. Les vacances terminées, enfants et adolescents, nerveux ou excités, retournaient en classe. Le pays semblait être d'excellente humeur, l'économie allait mieux, la question nationale n'occupait guère l'esprit de la plupart des gens. Une nouvelle année commençait, qui nous rapprochait encore un peu plus d'un nouveau millénaire. Il y avait de l'optimisme dans l'air, comme un rayon de soleil. Mais ce ne fut pas le soleil qui salua, ce matin-là, une bonne partie de l'est du Canada. Plutôt la grisaille, le grésil et une pluie qui se changeait en glace en touchant le sol.

Au début, tout cela n'était qu'un mauvais tour que nous jouait le temps. La faute en incombait à un courant-jet subtropical (un courant atmosphérique élevé) qui avait poussé vers le nord une énorme masse d'air chaud et humide en suspension au-dessus du golfe du Mexique. En se déplaçant, elle libéra son trop-plein de pluie au-dessus de plusieurs états américains. Puis, le lundi 5 janvier 1998, atteignant les Grands Lacs et la

À gauche : La pluie verglaçante ayant recouvert ce qui restait de la neige du 30 décembre, dégager les véhicules de leur gangue de glace et de neige pouvait prendre des heures. (Dave Sidaway, The Gazette)

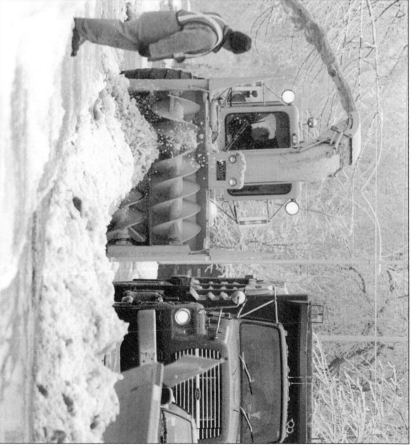

Jour 2 de la tempête de glace à Saint-Lambert, Québec. Les travailleurs essaient d'intervenir dans la rue des Saulniers. (Gordon Beck, The Gazette)

avalèrent leur dernière gorgée de café du matin avant de s'aventurer dans le mauvais temps annonciateur de la tempête à venir.

L'épreuve commença : il fallut gratter les pare-brise et les portières prises dans une gangue de glace ou entreprendre une lente et difficile progression sur les rues et les trottoirs transformés en patinoires au cours de la nuit. Des branches, des arbres entiers commencèrent à tomber, puis ce fut le tour des poteaux et des immenses pylônes d'acier. Les pannes se multipliaient au fur et à mesure de l'affaiblissement du réseau. Chassées par le froid qui prenait lentement possession de leur domicile, des milliers de personnes allaient bientôt se réfugier chez des proches, des amis ou dans des centres de secours. Lorsque la tempête prit fin, cinq jours plus tard, elle avait mis à genoux un immense territoire, causé plus d'un milliard de dollars de dégâts et bouleversé des millions d'existences.

Le premier jour, le 5 janvier, quelques écoles annulèrent leurs cours, surtout dans les zones rurales. L'heure de pointe fut un peu plus difficile que d'habitude à Montréal et à Ottawa, mais dans cette partie du monde habituée aux chutes de neige et au verglas, ce mauvais temps ne semblait être qu'un épisode hivernal, rien de plus.

Pour les météorologues par contre, cela signifiait beaucoup plus, car ils craignaient que le pire ne fût à venir. La veille, le service météorologique montréalais d'Environnement Canada avait publié un bulletin annonçant la pluie verglaçante. Le déluge de données produites par les ordinateurs racontait une histoire de masses d'air, d'humidité, de pression, de fronts froids. Mais pour les non-initiés, cela ne signifiait pas grand-chose, surtout en hiver où l'on s'attend toujours à ce que le ciel nous lâche neige, pluie, grêlons ou pire sur la tête. La pluie verglaçante n'a rien d'inhabituel dans la vallée du Saint-Laurent. Il en tombe plusieurs fois chaque hiver lorsque de l'air humide rencontre une masse d'air sec.

Généralement, l'escarmouche tourne à l'avantage de l'une des masses d'air qui repousse l'adversaire, et les précipitations verglaçantes durent

Isabelle Guibert, d'Outremont, tente de reprendre possession de sa voiture pour l'éloigner des branches qui tombent. (John Mahoney, The Gazette)

vallée du Saint-Laurent, elle rencontra une crête d'air très froid et sec descendu du Labrador et de l'Arctique pour serpenter le long de la vallée.

L'air chaud s'éleva et se déplaça en direction du nord-est. En altitude, les nuages se vidèrent de l'humidité dont ils étaient chargés, mais la pluie se refroidit en traversant les couches d'air glacé ; elle se refroidit sans se changer en neige, même en dessous du point de congélation. Dès que cette pluie entra en contact avec un objet froid, elle se transforma instantanément en glace, recouvrant tout d'une pellicule lisse et froide. Plus les précipitations étaient abondantes, plus cette pellicule épaississait.

Des petites villes balnéaires de la baie Géorgienne jusqu'aux régions plus à l'est, presque aussi loin que la côte du Maine, les habitants

Pour casser la glace, tous les moyens étaient bons. Fritz Pierre, de la rue Jeanne-Mance à Montréal, a choisi le marteau pour dégager son pare-brise.
(Dave Sidaway, The Gazette)

Avenue Lincoln, Montréal. Comme rien n'y faisait, ni le marteau ni la raclette, John Abcarius s'attaqua au verglas avec une pelle.
(Pierre Obendrauf, The Gazette)

rarement longtemps. Mais cette fois-ci, ni l'air froid du nord-est ni l'air humide du sud n'était prêt à jeter l'éponge. Dans les cieux au-dessus de Kingston, de Brockville, d'Ottawa, de Montréal, Granby et Saint-Hyacinthe, les belliqueux nuages fourbissaient leurs armes. Pendant cinq interminables journées, la vallée fut leur champ de bataille.

« Dans l'Atlantique, près des Bermudes, – comme Environnement Canada l'expliquerait plus tard – un imposant anticyclone empêchait les tempêtes qui se forment dans le golfe de suivre les trajectoires qu'elles empruntent normalement [à travers l'Atlantique en direction de l'Islande] où meurent la plupart des tempêtes provenant de l'Amérique du Nord. Au lieu de cela, comme un bloc de pierre dans un ruisseau, le système de haute pression a fait dévier la majeure partie de l'humidité plus à l'ouest, le long du versant occidental des Appalaches pour la concentrer directement sur l'Ontario et le Québec où elle est entrée en collision avec l'air froid de l'Arctique. »

Il y avait une certaine ironie dans la période choisie par la tempête. Depuis des semaines, de longues files d'attente se formaient pour voir le film *Titanic*, la saga du grand navire venu déchirer sa coque à toute vapeur contre une montagne de glace. S'il faut en croire la chanson, « the heart will go on », le cœur continue de battre. Mais pas mes machines. La plus ambitieuse création de l'époque s'était révélée impuissante face à un bloc d'eau congelée. Le 5 janvier, dans plus d'un cinéma du sud du Québec et de l'est de l'Ontario, le dénouement du film approchait lorsque les images sur l'écran et les lumières, à l'instar de celles du navire condamné, se mirent à vaciller puis s'éteignirent. Les spectateurs inconsolables quittaient ces cinémas plongés dans l'obscurité, loin de se douter que la lumière n'était pas près de revenir. Si le film leur avait donné un

Pylônes effondrés près de Drummondville, le 7 janvier.
(Alain Bédard, Le Nouvelliste)

avant-goût de la puissance meurtrière de la glace, la nature allait se charger maintenant d'imiter l'art.

Les pannes commencèrent en effet dans l'après-midi du lundi. La situation empira au cours de la nuit avec la pluie lourde qui continua de tomber. Le Québec fut la principale victime ; le temps dans l'est de l'Ontario était exécrable mais il n'avait encore rien de catastrophique. Le mardi matin des centaines de milliers de foyers demeurèrent dans les ténèbres et les écoles restèrent closes dans presque tout le sud du Québec. À Papineauville, le verglas fit sa première victime : Rolland Parent, 82 ans, succomba à une intoxication à l'oxyde de carbone causée par une génératrice installée dans le sous-sol de sa maison.

Les pompiers furent vite sur le pied de guerre, des surtensions ayant déclenché une petite vague d'incendies. En cette seule matinée, les standardistes montréalais du 911 reçurent près de 5300 appels. Les autorités demandèrent à la population de n'appeler le 911 que pour des urgences réelles. Débordées, elles expliquèrent que des branches cassées n'étaient pas considérées comme des urgences.

S'il ne s'était agi que d'arbres et de branches ! Plusieurs lignes de transport électrique de la rive sud de Montréal – une région qui allait acquérir une tragique notoriété sous le nom de « triangle noir » ou « triangle de glace » – s'étaient déjà écroulées sous le poids de la glace. Dans les aéroports, c'était le chaos, et sur les autoroutes la situation était encore pire.

Boulevard Saint-Laurent, Montréal, le vendredi 9 janvier. La « Main » emboutaillée, enneigée et verglacée. À la fin de l'après-midi, nous étions 1,5 million sans lumière ni chauffage, alors que commençaient à dégringoler les « bombes de glace ». La police établit des cordons de sécurité à travers tout le centre-ville et les autorités décidèrent de fermer les ponts vers la rive sud et 46 routes. L'eau de la ville cessa temporairement d'être potable et le réseau d'alimentation était sur le point d'arrêter de fonctionner. Littéralement, tout ne tenait plus qu'à un fil. (Martin Chamberland, La Presse)

Arbres croulant sous la glace près de l'oratoire Saint-Joseph, Montréal. (Robert Skinner, La Presse)

Une ligne à haute tension tomba sur celle qui relie Québec et Montréal, bloquant la circulation près de Drummondville. La trop grande quantité de sel répandu sur la Métropolitaine ne fit que l'inonder; l'essieu dans l'eau, les voitures traversaient l'île de Montréal au pas.

Le mercredi vit diminuer la pluie verglaçante. Les équipes d'Hydro-Québec parvinrent à donner un répit de quelques heures à certains des secteurs en panne. Mais il n'y eut pas de répit pour la rive sud où des pylônes se recroquevillaient comme des sculptures abstraites. Personne ne se doutait alors que toute la région allait rester dans le noir pendant des semaines. Au même rythme que la température qui baissait dans bien des foyers, l'ampleur de la crise commençait à être connue.

Des centres d'hébergement ouvrirent leurs portes, les hôtels commencèrent à se remplir. Dans les villes et les villages, des cellules de mesures d'urgence se mirent à l'œuvre... ou tentèrent de le faire, car nombre de municipalités n'étaient vraiment pas préparées pour affronter de tels événements.

Au fil des heures le vent se leva, l'angoisse monta d'un cran. D'autres lignes électriques prirent le chemin du sol. Lorsque la glace vint à bout du poste de Saint-Hyacinthe, les lumières s'éteignirent dans près d'un million de foyers de la rive sud. Vers la fin de la soirée, quelques centaines de milliers de Montréalais partageaient le même sort, mais comme le pressentaient les météorologues, le pire était à venir. À la tombée de la nuit, le bureau montréalais d'Environnement Canada nous prévenait que des perturbations allaient «affecter la plupart des régions, cette nuit et jeudi, accompagnées de nouvelles chutes de pluie verglaçante». Modernes cassandres, nos météorologues pouvaient prédire notre funeste avenir mais ils étaient bien incapables d'en changer le cours.

Le jour suivant, Montréal esquiva les coups et ce fut au tour d'Ottawa d'essuyer la tempête. Épargnée par les premières averses de pluie verglaçante, la capitale en reçut alors près d'un pouce. Sur la colline

Canton de Wolford, Ontario. On se rend compte, ici, de la quantité impressionnante de verglas qui recouvrit l'est du Canada. La région au sud d'Ottawa fut sérieusement malmenée par la tempête. (Lynn Ball, Ottawa Citizen)

Dans un parc de la région montréalaise. (Dave Sidaway, The Gazette)

parlementaire, les statues enfilèrent un lourd manteau de glace. La lumière s'éteignit aux domiciles du premier ministre et du gouverneur général, comme elle l'avait fait deux jours plus tôt dans la résidence outremontaise du premier ministre du Québec.

Les villages isolés de la vallée de l'Outaouais furent frappés avec encore plus de violence. Sous les coups redoublés du vent et de la glace, près des deux tiers des capacités de transport d'énergie de l'est de l'Ontario furent réduits à néant.

Via Rail annula tous ses départs vers l'est de Toronto ; les compagnies aériennes en firent autant pour de nombreux vols. La crise faisait oublier la politique partisane au Québec ; la seule chose qui comptait était de recevoir de l'aide. Le premier ministre Lucien Bouchard accepta l'offre fédérale d'envoyer l'armée en renfort et les soldats furent bientôt à pied d'œuvre dans un large corridor couvrant le sud du Québec et l'est de l'Ontario.

Ces conditions exceptionnelles allaient même déteindre sur le ton d'habitude si neutre des bulletins météorologiques : un communiqué d'Environnement Canada annonçait une nouvelle vague de précipitations qui allait « envahir » le sud québécois. Bernard Derome, Peter Mansbridge, Lloyd Robertson et d'autres présentateurs de la télé se couvraient de gros manteaux et d'étranges chapeaux pour émettre en direct depuis l'œil de la tempête. Toutefois, une bonne part de l'auditoire à qui ils s'adressaient était privée de l'électricité qui lui aurait permis d'admirer ces performances.

Stefan Bisson (à gauche) et John Boersma, deux policiers de la Communauté Urbaine de Montréal, reconduisent cet homme en pyjama jusqu'à son appartement de Lasalle, après une évacuation causée par des émanations d'oxyde de carbone. (John Mahoney, The Gazette)

Le jour le plus noir pour le Québec allait être le vendredi 9 janvier. «C'est l'enfer!» proclamait la manchette du journal La Presse. Et de fait, l'état de la région laissait croire qu'un enfer de glace s'était abattu sur elle. Près d'un million quatre cent mille foyers et commerces québécois étaient privés de courant – le plus grand nombre de toute la crise ; en Ontario, ils étaient 230 000. Le sud du Québec avait à nouveau subi un déluge de pluie verglaçante et son réseau électrique était au bord du désastre. Il ne restait plus en service qu'une seule des cinq lignes qui alimentent Montréal, si bien qu'Hydro-Québec, afin d'éviter l'effondrement complet de son système, se livra à des délestages qui plongèrent d'immenses secteurs du centre-ville et de l'ouest de l'île dans le noir.

Les pannes perturbant le fonctionnement des usines d'épuration, les autorités demandèrent à la population de faire bouillir son eau… si elle le pouvait. Cela déclencha une ruée vers les épiceries, pour faire le plein de nourriture et d'eau en bouteille. La métropole avait des allures de ville en état de siège. La police alla de porte en porte à la recherche de ceux qui n'avaient pu trouver refuge ailleurs et qui risquaient d'être victimes du froid. D'immenses plaques de glace tombaient du sommet des immeubles et des structures des ponts, forçant les autorités à entourer le cœur du centre-ville d'un cordon de sécurité et à fermer tous les ponts vers la rive sud.

Ce qu'il y avait d'infernal dans la situation décrite par La Presse et les autres journaux, ce n'étaient pas seulement les difficultés pratiques, c'était la peur : la peur du mauvais temps, la peur du chaos, la peur de voir tous les systèmes et réseaux qui cimentent et structurent notre société s'effondrer brutalement.

La tempête ne s'encombrait guère de frontières. Des régions entières du New Hampshire, du Vermont et du nord de l'État de New York étaient également considérablement affectées par la glace, la pluie verglaçante et froide sous un transformateur… sans doute en panne. (Phillip Norton)

Il est encore difficile d'évaluer l'impact de la tempête sur les oiseaux et le reste de la faune. On pense que les perdrix et les gélinottes ont particulièrement souffert à cause de la raréfaction de leur nourriture dans les arbres couverts de glace. Les écureuils pourraient également avoir subi de lourdes pertes. Celui-ci, photographié à Châteauguay, ne cherchait qu'à se mettre à l'abri de la pluie froide sous un transformateur… sans doute en panne. (Phillip Norton)

Les premiers jours, la beauté du nouveau décor avait quelque chose d'irréel, mais cela tourna vite au cauchemar et à la ruine. Ici, le verglas recouvre les arbres du mont Royal près de l'Hôpital Royal Victoria à Montréal. (Dave Sidaway, The Gazette)

dernier pied de nez à des millions de personnes, pour se diriger vers l'est. Elle y provoqua des pannes chez quelques dizaines de milliers d'abonnés du Nouveau-Brunswick et de Nouvelle-Écosse, conservant ses dernières forces pour causer des dommages de moindre importance à Saint-Jean. D'une façon générale, la Nouvelle-Écosse s'en tira sans trop de dégâts. Par contre, le Maine, allait rapidement être déclaré zone sinistrée. Ironiquement, ce soir-là, la chaîne ABC tenait des auditions à Southwest Harbor pour une mini-série intitulée « La tempête du siècle »!

Les sapins de Noël qui n'avaient toujours pas été ramassés étaient maintenant enterrés sous la glace et les débris. Peu de véhicules se risquaient dans les rues du centre-ville. Un messager solitaire tentait de faire avancer sa bicyclette sur l'asphalte glissant du boulevard René-Lévesque. Un éclair zébra brusquement le ciel au-dessus du vieux Montréal, immédiatement suivi d'un roulement de tonnerre. Un autre éclair, au-dessus du quartier chinois cette fois. La pluie s'était changée en grésil… ou était-ce de la grêle ? Peu importe ce que c'était, cette précipitation faisait mal. Le tonnerre en janvier ? *Apocalypse Now* ? Un court instant, de façon parfaitement irrationnelle, la possibilité que notre dernière heure était arrivée sembla fondée.

Bien des gens ressentaient la même inquiétude. « Le temps, c'est la puissance de Dieu », confia un immigrant panaméen au journaliste de The Gazette qui l'interviewait. Assis dans un pub éclairé à la bougie, il poursuivit : « Je comprends maintenant ce qui est en train de se produire. Notre fin approche. »

Messager à vélo, Sylvain Moisan en était réduit à pousser son engin jusqu'au client suivant pendant l'heure de pointe, rue Saint-Antoine. Il était tout de même plus rapide que la plupart des voitures ralenties par la neige.
(Pierre Obendrauf, The Gazette)

Cela prendra des années à la nature pour se relever des dégâts causés par le verglas. (André Pichette, The Gazette)

Ci-dessus : Au lever du soleil, le mardi 6 janvier, d'importants secteurs du sud du Québec, de l'Outaouais et de l'est de l'Ontario furent privés de courant lorsque la pluie vira à la tempête de glace, causant la chute de milliers de branches d'arbres et de lignes électriques. Toutes les écoles de la grande région montréalaise fermèrent. À Papineauville, à l'est de Hull, la tempête fit sa première victime. Rolland Parent, 82 ans, périt asphyxié par les émanations d'une génératrice installée dans sa cave. L'inquiétude monta d'un cran. Sur cette photo, les pompiers de Côte-Saint-Luc répondant à un appel doivent slalomer au milieu des branches qui jonchent la rue. (Richard Arless, The Gazette)

À gauche : Parc Lafontaine, Montréal. (Pierre McCann, La Presse)

Les écoles ontariennes et québécoises fermèrent pendant « le grand verglas ». Au Québec, 440 000 écoliers prolongèrent leurs vacances ; la fermeture dura jusqu'à 23 jours pour 1900 écoles et collèges. En Ontario, il y eut 553 écoles fermées, certaines pendant près de 12 jours. Pour Alison Ferguson, du canton de Wolford en Ontario, ce ne furent pas vraiment des vacances, car elle participa aux travaux de la ferme. (Lynn Ball, Ottawa Citizen)

Ci-dessus : Poids-lourds pris dans la glace près de Saint-Jean-Baptiste de Rouville, Québec. (Dave Sidaway, The Gazette)

À gauche : Grosses ou petites, les branches ne résistaient pas au poids de la glace. (John Mahoney, The Gazette)

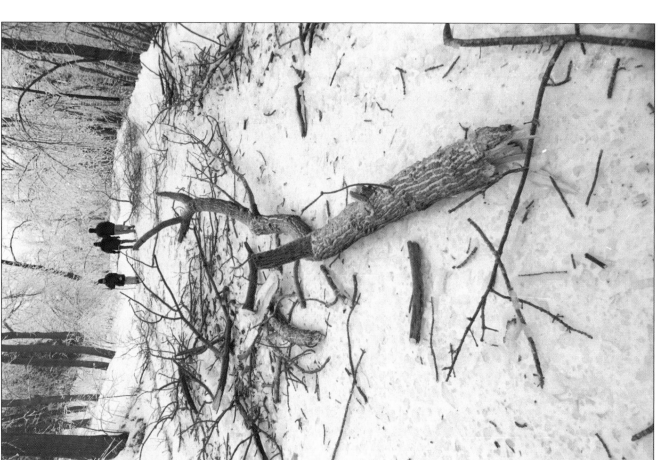

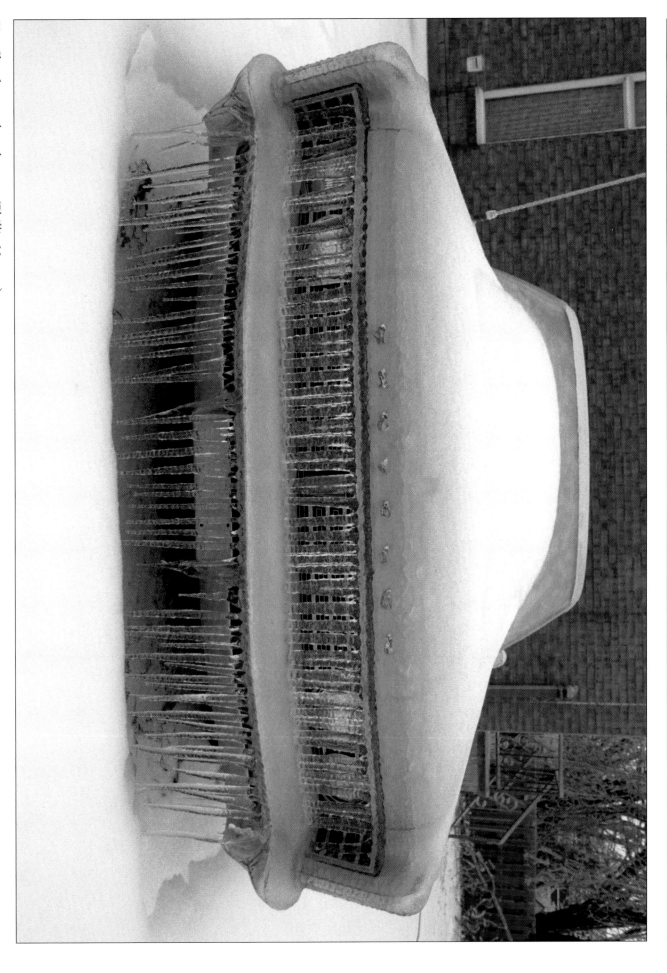

Une Chrysler aux dents longues. (Phillip Norton)

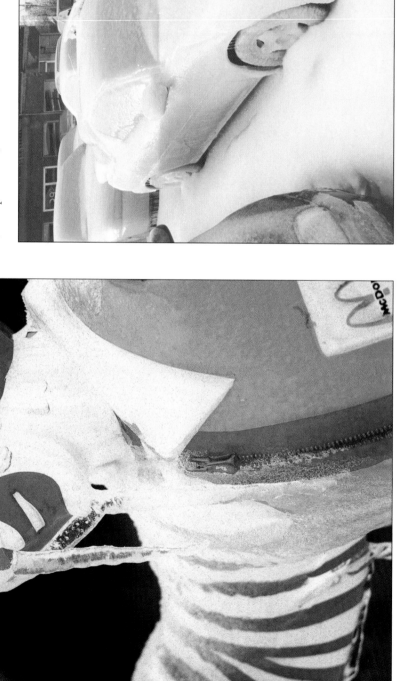

A gauche : Le sourire figé de Ronald et son nez décoré d'un glaçon semblèrent divertir les clients du restaurant McDonald de Bells Corners, Ontario.
(Wayne Hiebert, Ottawa Citizen)

Ci-dessous : À Châteauguay, Québec, le stationnement d'un concessionnaire d'automobiles est transformé en parc d'exposition pour sculptures sur glace.
(Phillip Norton)

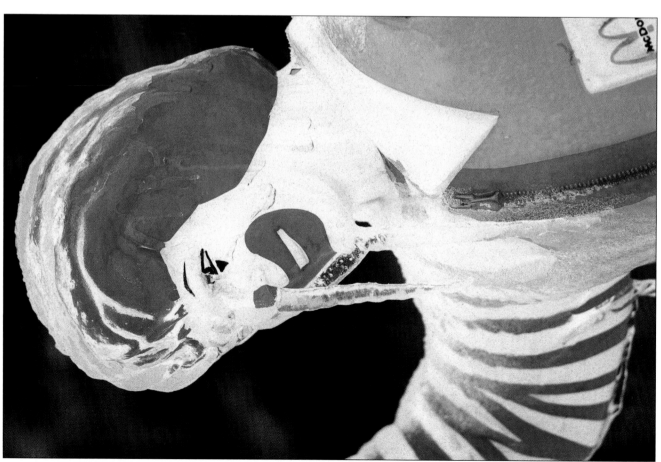

Jesse McKellar a vu le jour près du phare du boulevard Saint-Laurent à Ottawa, à 7 h 32, le 6 janvier. La conduite était si difficile que ses parents – Tasha Geymonat et Jody McKellar d'Edwards, Ontario – n'ont pu atteindre l'hôpital à temps. Toute la famille se porte bien. (Wayne Hiebert, Ottawa Citizen)

Rue Nelson, Kingston, Ontario, vendredi 9 janvier: (Ian MacAlpine, Kingston Whig-Standard)

L'enchevêtrement de lignes électriques et l'asphalte verglacé rendaient la conduite impossible dans la rue Léon-Hamel à Granby. Cette photographie a été prise le 12 janvier, une semaine après le début de la tempête. (Alain Dion, La Voix de l'Est)

Comme le reste de la ville, le Musée de l'agriculture d'Ottawa était sous la glace. (Malak, Ottawa Citizen)

Brockville, jeudi 8 janvier. Les branches et les fils électriques bloquent la rue Pine, près de l'église anglicane de Saint-Peter. (Ronald Zajac, Brockville Recorder and Times)

À gauche : Lorsque la tempête se déclencha, de nombreuse guirlandes de Noël ornaient encore les maisons. Photo prise près du tribunal de Brockville. Le clocher qui surplombe les arbres cassés en deux est celui de la Première église presbytérienne. (Phil Kall, Brockville Recorder and Times)

À gauche : *Une automobile écrasée par un arbre à Kingston, Ontario.*
(Ian MacAlpine, Kingston Whig-Standard)

À droite : *C'est «la nature qui décide», en effet!*
Une camionnette dans un stationnement de la rue Lisgar à Ottawa. (Julie Oliver, Ottawa Citizen)

Ci-dessus : Les automobilistes de Lachine, devaient faire du slalom au milieu des branches qui jonchaient les rues. (Dave Sidaway, The Gazette)

À droite : Dans bien des quartiers, on contemplait des scènes comme celle-ci photographiée dans la rue Stanley à Saint-Lambert. (John Kenney, The Gazette)

Ci-dessus : Kingston-sous-Glace. (Ian MacAlpine, Kingston Whig-Standard)

À gauche : Fenêtre de glace dans le petit village de Saint-Jean-Baptiste de Rouville.
(Dave Sidaway, The Gazette)

Que ce soit en voiture, en train ou en avion, les voyages étaient risqués. Trois jours après le début de la pluie verglaçante, les passagers d'un train de banlieue parti de Rigaud durent marcher jusqu'à la station Dorval puis poursuivre leur route en autobus vers le centre-ville de Montréal. (Peter Cooney, The Gazette)

Les politiciens étaient en vacances lorsque la tempête frappa la colline parlementaire. (Malak, Ottawa Citizen)

Le 12 janvier, il n'y avait que la lune pour éclairer Sainte-Julie sur la rive sud de Montréal.
(John Kenney, The Gazette)

particulièrement émouvante. Lorsqu'un arbre s'est effondré sur la demeure du romancier Trevor Ferguson au milieu de la nuit, « les voisins ont accouru de partout avec leurs lampes torches. Ils voulaient être certains que nous étions sains et saufs ». Ils racontaient cela une semaine après la tempête, sept jours avant que la panne ne se termine pour Hudson. « Les gens se rapprochent vraiment les uns des autres, dit-il alors, ceux qui se connaissent et ceux qui ne se sont jamais parlés. On se passe les pompes et les génératrices d'une maison à l'autre. Chacun d'entre nous se préoccupe de ce qui arrive à tous les autres. »

Dans les zones rurales, la reconstruction se fit rang par rang, route par route. Avant de rétablir le courant, on remit le téléphone en état. Avant le téléphone, on s'était occupé du réseau d'alimentation en eau. Avec un téléphone qui fonctionnait, vous pouviez raconter vos déboires aux amis et aux parents. Si vous aviez de l'eau, cela signifiait que vous n'aviez plus besoin de la transporter et surtout, que vous pouviez prendre une douche chez vous. Pour la population d'Hemmingford, quatre longs jours sans eau s'écoulèrent avant qu'une génératrice transportée d'Albany, dans l'État de New York, ne leur procure un semblant de retour à la vie normale.

L'ironie de la situation n'échappa à personne : cette eau, qui fait tourner nos turbines et nous alimente en électricité, venait sous une autre forme de nous couper l'eau et le courant. Dans certaines régions éloignées, les bienheureux propriétaires de génératrices accueillirent une file ininterrompue de voisins qui venaient prendre une bonne douche chaude.

Mais cette solidarité, ce soutien mutuel généralisé qui nous a semblé si typique des régions rurales, ne sont-ils pas, après tout, des manifestations naturelles chez l'être humain? Dans son livre *Natural Hazards*, Edward Bryant dénonce le mythe selon lequel « devant une catastrophe, les gens [seraient] désemparés, incapables de réagir et sans ressources. S'il est une chose que les désastres suscitent, c'est bien la force des individus. [...] Les

victimes parviennent fort bien à s'organiser et à mettre en place des secours. La seule chose qu'il leur manque parfois, ce sont les "outils", les moyens matériels de mener à bien les tâches qu'ils entreprennent. »

Après le passage de la tempête, les « outils » les plus salutaires furent les poêles à bois et les génératrices. Mais bien plus que l'efficacité, c'est la débrouillardise qui s'est manifestée. Le jour où la tempête s'est abattue avec brutalité sur la vallée de l'Outaouais, la ville d'Alfred a été entièrement privée de courant. Un inextricable enchevêtrement de câbles et de branches jonchait les rues; commerces et restaurants fermèrent leurs portes. Mais qu'allait-il advenir des quatre-vingt personnes âgées résidant à l'auberge Plein Soleil et à la Pension du Bonheur?

Alfred n'attendit pas une intervention extérieure. Le maire, Jean-Claude Trottier, eut une idée. Une énorme génératrice utilisée pendant la foire agricole de l'été trônait dans un champ enneigé. Avec quelques amis, il la libéra de sa gangue de glace, puis, à l'aide de deux pelles mécaniques, ils la transportèrent jusqu'au local des Chevaliers de Colomb plongé dans le noir. Là, la ville mit rapidement sur pied un centre d'hébergement. Quelques heures après la géniale inspiration de M.Trottier, les personnes âgées étaient rejointes par plus de cent personnes.

Mais dans les grands centres, les autorités durent relever un défi supplémentaire : communiquer avec des populations dépourvues de chaleur et de lumière autant que d'informations. Saint-Jean-sur-Richelieu a une population de près de 40 000 personnes, mais ni quotidien ni station de radio. Le conseil municipal fit imprimer des milliers de brochures qu'il fit distribuer dans les dépanneurs : « Restez chez vous autant que possible. Dépannez-vous entre voisins, organisez des réseaux de solidarité. » Le ton employé ne laissait aucun doute quant à la gravité de la situation.

La crise fit de bien des gens des nomades forcés. Lorsque sa maison de Greenfield Park fut plongée dans le noir, Chantale Cyr, son compagnon et leur fils de quatorze mois trouvèrent refuge dans l'Outaouais. Deux jours

Un mois après la tempête, Pierre Bourque, maire de Montréal vient constater l'ampleur du désastre sur le mont Royal. (John Kenney, The Gazette)

rieur d'un magasin de Brockville dès qu'une radio locale y annonça un arrivage de bougies. Un début de pénurie d'essence provoqua des files d'attente de plus de trois heures dans cette ville. Sans électricité, l'existence ne fit pas que se refroidir, elle se simplifia. L'indispensable se résuma au minimum, comme si les événements avaient forcé les citoyens à retourner à l'âge de la cueillette et de la chasse. On retrouvait les instincts ataviques ; la quête du feu, la recherche d'eau et de nourriture occupaient les journées d'hommes et de femmes dont le quotidien s'était jusque-là déroulé devant un écran d'ordinateur ou une salle de classe. Ils apprirent à glaner çà et là ce dont ils avaient besoin.

« On était comme dans une zone de guerre », se souvient Bob Petch. Dans les villes et les villages touchés, nombreux furent ceux qui employèrent la même image. Et dans la zone occupée, l'ennemi fit plus de trente morts, surtout des personnes âgées. Contre cet ennemi-là, nous n'avions guère plus que des scies à chaîne. L'impression généralisée d'être plongé dans un conflit armé était sans doute des plus justifiée ; la tempête provoqua la mobilisation la plus importante de toute l'histoire des forces armées canadiennes à l'intérieur de nos frontières.

Pour l'Opération Récupération, comme elle fut appelée, ceux qui avaient connu les missions bosniaque et haïtienne se retrouvèrent en train de ramasser des branches. Dans les premiers jours, le rôle des militaires parut incertain et leur déploiement plutôt mal coordonné. Mais en très peu de temps, les soldats se montrèrent à la hauteur. À Kingston, ils employèrent leurs hélicoptères pour transporter malades et blessés vers l'hôpital. À Hawkesbury, ils construisirent des baraquements pour les équipes d'Hydro. Sur la rive sud, ils travaillèrent côte à côte avec les monteurs de lignes ou leur frayèrent un chemin au milieu des débris. Lucien Bouchard ne tarda pas à féliciter les soldats pour leur « travail exceptionnel ».

« L'aide de l'armée est extrêmement importante », déclara Renée Legendre, mairesse de Carignan, une semaine après la tempête. Elle

Il n'était pas facile de se laver pendant la grande panne. C'est un Pierre Wilson ravi et propre qui sort d'un lave-auto de Saint-Luc, Québec. Le propriétaire, Denis Dauray, avait transformé son commerce en douches publiques – 10 pour les hommes et autant pour les femmes –, se servant d'une génératrice pour produire de l'eau chaude. (Pierre McCann, La Presse)

plus tard, la panne les rattrapa et la famille retourna vers la région montréalaise pour s'installer chez des parents à La Prairie. C'est là que Jason, leur petit garçon, se brûla gravement la main contre un poêle à bois. Après un détour par l'hôpital, la famille reprit la route, cette fois pour Saint-Hubert. C'était leur quatrième domicile en moins d'une semaine.

Sauf dans les grandes villes, les biens essentiels n'étaient pas toujours faciles à trouver. Plusieurs dizaines de personnes firent la queue à l'exté-

Lorsque s'éteignit la lumière, la population se débrouilla tant bien que mal pour se chauffer et poursuivre ses activités. Deux locomotives diesel du Canadien National installées dans une rue de Boucherville servirent de génératrices à la mairie et à une école voisine. (André Pichette, The Gazette)

remerciait l'armée d'avoir ouvert un second centre d'hébergement et une cuisine de campagne, car le premier refuge de Carignan était plein à craquer. L'inquiétude montait rapidement dans cette ville et la présence de l'armée contribua à rassurer la population, à lui redonner confiance. Un jour, vraisemblablement pas le lendemain ni même la semaine suivante, la vie reprendrait son cours normal.

Ci-dessus : Les pannes de courant fermèrent également les pompes à essence. La population de la région de Brockville fit la queue pendant des heures pour s'en procurer au magasin général Korim's près de Row's Corners. Le vendredi 9 janvier, la file que l'on voit ici faisait un kilomètre de long. (Deanna Clark, Brockville Recorder and Times)

À gauche : Dan Galarneau, Dr Ben Leikin et son fils Ben retirent les branches devant leur maison de la rue Mayfair à Ottawa. (Lynn Ball, Ottawa Citizen)

Ci-dessus : Les fermiers, cruellement affectés par la tempête, furent souvent forcés de chercher un refuge pour leur famille et leur bétail. À Spencerville, Ontario, Bill Lawrence, producteur laitier, déplaça toutes ses vaches chez son voisin Doug Cleary. (Mark Calder, Brockville Recorder and Times)

À gauche : Pendant la panne, Margaret Henry se tient au chaud avec ses chèvres et ses chats dans sa maison éclairée à la bougie. Almonte, canton de Ramsay, Ontario. (Bruno Schlumberger, Ottawa Citizen)

La température est glaciale, mais les soldats sont à pied d'œuvre et aident à rétablir la distribution d'électricité. (Belinda Foster, Cornwall Standard Freeholder)

Le capitaine Ross Bradley du Royal Canadian Regiment de Gagetown, Nouveau-Brunswick, fait le point pour des membres de la compagnie H qui viennent d'arriver (il en vint 650) à Saint-Jean-sur-Richelieu, Québec. (Gordon Beck, The Gazette)

Ci-dessus : Un petit garçon salue les soldats qui arrivent à Saint-Hyacinthe, le 8 janvier. (John Kenney, The Gazette)

À gauche : Les forces armées ont récupéré les transformateurs pour les recycler. (Armand Trottier, La Presse)

Ces soldats ont de bonnes raisons de sourire. Ils ont été accueillis en libérateurs par les habitants de Saint-Césaire. (Alain Dion, La Voix de l'Est)

Phil Halton, sous-lieutenant du Royal Canadian Dragoons de Petawawa, règle la circulation près d'Osgoode, pendant que les équipes d'Ontario Hydro réparent les lignes. Cette photo fut prise le 15 janvier dans un vent glacial, par une température de –40 °C. (Lynn Ball, Ottawa Citizen)

La présence des Forces armées canadiennes a contribué à rassurer la population effrayée par la tempête et la panne généralisée. Ici, un hélicoptère de l'armée atterrit près du centre communautaire de Metcalfe, Ontario. (Chris Mikula, Ottawa Citizen)

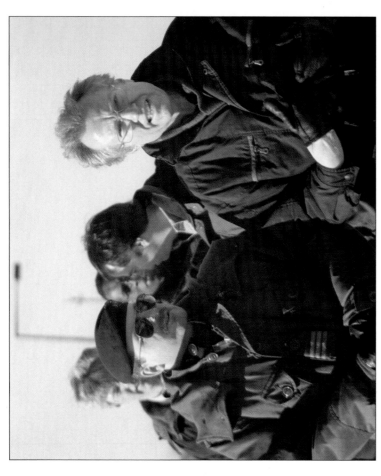

Ci-dessus: Le 12 janvier, le ministre de la défense Art Eggleton (à droite), en tenue de... tempête, discute avec le colonel Craig McQuitty des Brockville Rifles. M. Eggleton venait d'arriver à Brockville en hélicoptère pour s'informer des besoins de la région. (Nick Gardiner, Brockville Recorder and Times)

À droite: Le caporal Mike McColeman transporte Alex Dow, 79 ans, isolé dans la campagne près de Metcalfe, Ontario, vers une ambulance qui le conduira dans un hôpital de la région. (Wayne Cuddington, Ottawa Citizen)

LE GRAND VERGLAS

Un soldat s'efforce de libérer des fils électriques pris dans la glace près de Saint-Césaire. Le réseau d'électricité québécois a été endommagé sur plus de 3000 km.
(Paul Chiasson, Presse canadienne)

75

Des arbres abattus par le verglas ayant bloqué son entrée,
Ann Carruthers, une habitante
de Goulburn qui vit seule, a
passé trois jours sans chauffage
ni lumière, prise au piège dans
sa maison. Ce sont des soldats
qui sont venus à sa rescousse et
l'ont évacuée.
(Bruno Schlumberger,
Ottawa Citizen)

Gabriel Rouleau, 4 ans, a fait la conquête de la capitaine Johanne Dostie, bénévole de la garderie mise sur pied dans le quartier général des Forces armées canadiennes à la base de Saint-Jean-sur-Richelieu. Le petit garçon était l'un des nombreux enfants qui se réfugièrent avec leurs familles dans les locaux du quartier général des premières pannes. (Bruno Schlumberger, Ottawa Citizen)

Chapitre trois

UN RÉVEIL LENT ET DOULOUREUX

« Fermé jusqu'à la fin de l'apocalypse. »

— Un écriteau dans une vitrine

Pourtant la réouverture eut lieu bien avant cela. En fait, la boutique ouvrit alors que les autorités provinciales adjuraient les commerces et les bureaux du centre-ville de rester fermés. Le gouvernement voulant diminuer les risques de surcharger un réseau de distribution déjà handicapé, demanda aux gens de ne pas venir dans le secteur. Mais cela n'eut guère d'effet et l'épisode de la tempête de verglas en dit long sur la personnalité des Montréalais. À moins d'instituer la loi martiale, il est difficile de forcer une ville à se tenir tranquille.

La pluie verglaçante tirait à sa fin et il y eut un réchauffement. Le vendredi 9 janvier fut légèrement plus chaud et le samedi, la température grimpa encore. Dans cet air plus doux, les bombes de glace se mirent à tomber. Des blocs, de 25 à 30 kilogrammes commencèrent à se décrocher du sommet des immeubles. Il fallut apprivoiser un nouvel art, celui de la marche. Pour éviter les chutes, il valait mieux regarder où vous mettiez les pieds ; pour déjouer les blocs qui dégringolaient, il fallait

À gauche : Des pompiers déglacent un toit dans la rue de la Commune, près de la basilique Notre-Dame, Montréal. (Phillip Norton)

Marc Therrien tient une plaque de glace provenant du beffroi de la mairie de Montréal. (Robert Mailloux, La Presse)

surveiller vos flancs et le ciel; pour ne pas entrer en collision avec d'autres piétons ni perdre de vue votre destination, il était conseillé de jeter un coup d'œil vers l'avant. Tandis qu'ils s'efforçaient de nettoyer les abords de leur maison ou trébuchaient jusqu'au dépanneur pour l'essentiel – le pain, la bière, les piles – quelques citadins utilisèrent des casques de chantier ou de cyclistes. La conduite automobile également tenait de l'expédition. La police bloqua les rues pour permettre le déglaçage des toits. Des secteurs entiers du centre-ville et du vieux Montréal furent pour ainsi dire condamnés.

Au cours de la première fin de semaine après la tempête, le soleil fit une brève apparition. Les météorologues étaient catégoriques : il n'y aurait plus de pluie verglaçante. Aussi modestes fussent-elles, des réjouissances s'imposaient : un souper aux chandelles pour deux et au lit de bonne heure. Dans quelques églises, les messes célébrées à la lueur des cierges attirèrent plus de fidèles qu'il n'en vient un dimanche ordinaire. Prier ne semblait pas une si mauvaise idée; l'alimentation en électricité de Montréal ne tenait toujours qu'à un fil. L'annulation du concert des Rolling Stones fut suivie de celles du groupe Oasis, d'Helmut Lotti et d'un match des Canadiens.

La circulation se faisait toujours prudemment, car de nombreuses artères étaient encombrées par les arbres abattus et les voitures prises dans la glace. Du reste, un grand nombre de feux de circulation étant hors d'usage, les policiers prirent l'habitude de s'embusquer aux carrefours. L'augmentation des patrouilles eut un effet secondaire non négligeable : pendant la crise, le taux de criminalité resta très bas.

Les piétons devaient se méfier des chutes de plaques de glace dans le vieux Montréal et le centre-ville. De larges secteurs furent complètement fermés pour que des équipes de cols bleus puissent faire tomber le verglas accumulé sur les toits et les réverbères. Cette photo fut prise le 15 janvier, dix jours après le début de la tempête, rue Saint-Sulpice. (André Pichette, The Gazette)

Les habitations se refroidissaient de façon inquiétante et hôtels et motels devinrent la destination de ceux qui en avaient les moyens. De nombreux hôtels, dont la clientèle se composait surtout de *réfugiés* locaux, affichaient complet et durent improviser pour combler leurs besoins. Le Salon ovale du très chic Ritz-Carlton se transforma en centre d'activités pour enfants, les personnalités et les élégantes remplacées temporairement par des clowns. « Nous faisons tourner l'hôtel comme s'il s'agissait d'un paquebot », déclara le directeur, Carel Folkersma. Un navire en croisière, bien sûr, mais avec de bonnes flambées dans la grande cheminée.

À quelques coins de rue, se dresse Ben's Delicatessen, un haut lieu montréalais depuis son ouverture en 1908 par la famille Kravitz. Al Kravitz, qui a presque l'âge du restaurant, affirme que ce dernier n'a pas fermé plus d'une journée en 90 ans. Mais le vendredi 9 janvier, ce fut la panne, et Ben's resta fermé une bonne partie du week-end. Jean, la belle-sœur de Al, se souvient que, malgré le retour de la lumière et du chauffage au cours de l'après-midi du dimanche, « nous n'avions pas l'intention de rouvrir immédiatement. Mais au téléphone, ça n'arrêtait pas ! On a eu tellement d'appels de gens échoués dans des hôtels qu'il a bien fallu ouvrir ! » Et c'est ainsi que, le lendemain matin, on y servit à nouveau les sandwiches de *smoked meat* et les Coke-cerise, comme on le fait depuis des générations.

Ce jour-là, l'alimentation en électricité était encore si fragile que le premier ministre Bouchard demanda aux entreprises du centre-ville de ne pas reprendre leurs activités. Banques, universités, grands magasins, entreprises et institutions obtempérèrent. Pourtant une sex-shop de la rue Sainte-Catherine ouvrit ses portes, imitée par une clinique voisine.

Une semaine plus tard, le déglaçage du toit de la basilique Notre-Dame et des autres immeubles du quartier se poursuivait toujours.
(Gordon Beck, The Gazette)

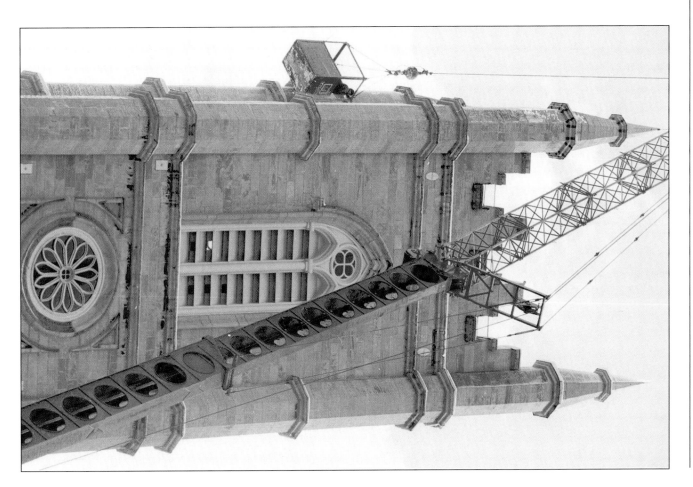

Près de la station de métro Guy, une boutique, ouvrit également. À l'entrée, une femme frissonnait dans son gros manteau d'hiver, continuant à vendre ses fers à cheval fluorescents, ses pièges à souris et tout le bric-à-brac que d'aventure les clients trouvaient dans la pénombre et le froid. À l'extérieur, la file d'attente habituelle du bus 165, s'étirait jusqu'au milieu de la rue.

« Qu'est-ce qu'ils font tous ici ? » s'exclama un mendiant astucieux qui faisait la manche devant les portes closes d'Eaton. « J'en ai aucune idée, mais y a une chose qu'est certaine, même avec le *blackout*, les affaires vont bien ! » Il était satisfait et un peu surpris du manque de concurrence.

Et c'est ainsi que, tant bien que mal, la vie à Montréal reprit son cours. Le réveil fut lent et difficile : au lendemain de la tempête, puis de la fonte partielle suivie d'une vague de froid arctique, des montagnes de glace dure comme du granit immobilisèrent 30 % de l'équipement de déneigement de la ville. En tout autre temps, cela aurait déclenché un scandale, ou tout au moins une controverse, mais les gens étaient trop occupés pour protester contre quoi que ce fût. La politique attendrait. Il n'y eut pas de moment mémorable ni d'événement symbolique saluant le retour à la vie de la cité ; ce fut un réveil graduel, une lente convalescence, rue par rue, bloc par bloc, trottoir par trottoir.

Lorsque l'électricité revint enfin et pour de bon, le soulagement s'accompagnait parfois d'une joie sans bornes. « Je vais vivre ma vie à cent milles à l'heure », s'écria Denise Payette, soixante-cinq ans. Elle venait de passer une semaine dans l'obscurité de sa maison de Notre-Dame-de-Grâce où la température avait frôlé le point de congélation et où l'odeur de décomposition qui émanait de son réfrigérateur devenait de plus en plus insupportable. « Je vais faire tout ce dont j'ai envie, maintenant. Je vais me mettre à dépenser. Je vais faire un tas de folies ! »

Le temps plus clément libéra d'énormes plaques de glace qui se mirent à tomber du haut des ponts. Tous les ponts vers la rive sud furent fermés pendant deux jours pour permettre le déglaçage. (Bernard Brault, La Presse)

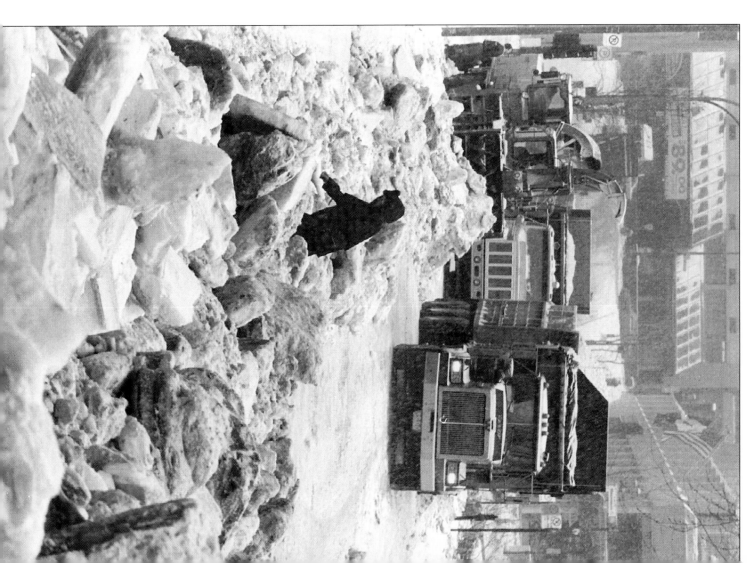

Ci-dessus : Comme partout ailleurs, les bus étaient rares dans Chinatown. Le quartier chinois ne fut pas épargné par les pannes de courant et la plupart des restaurants durent fermer. (John Kenney, The Gazette)

À droite : Une femme tente de franchir une barrière de blocs de glace dans une rue de Montréal. Le déblaiement des rues fut lent et ardu. Trente pour cent du matériel de déneigement de la ville n'y résista pas. (Paul Chiasson, Presse canadienne)

Un col bleu décolle la glace du fronton d'un immeuble dans le vieux Montréal. (John Kenney, The Gazette)

La tempête déposa une couche de glace dure de près de 30 cm d'épaisseur sur les toits plats de Montréal. Cet homme attaque à la pioche la glace accumulée sur celui de La Presse ; d'autres utilisèrent des masses ou des scies à chaîne. (Jean Goupil, La Presse)

Un pompier casse le verglas recouvrant un réverbère de la rue Sainte-Catherine. Les blocs de glace tombant des immeubles, des arbres et des structures des ponts forcèrent la fermeture prolongée de certaines artères et de certains secteurs de Montréal. (André Pichette, The Gazette)

Il fallut des semaines pour se débarrasser de la glace accumulée sur les toits et autour des maisons. Sébastien Boulianne, de Brossard, Québec, la casse à coups de hache tandis que son frère Frédéric (à dr.) et leur ami Marc-André Lacroix déblaient l'entrée.
(André Pichette, The Gazette)

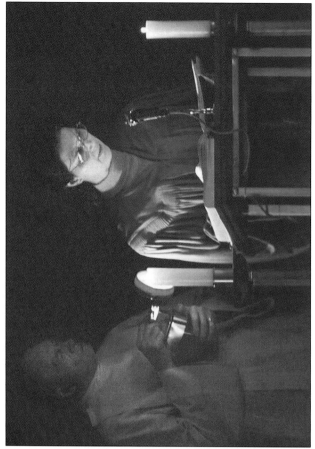

Ci-dessus : Charles Brocklehurst donne un peu plus de lumière à Elizabeth Maloney pendant une messe dans la chapelle de l'église Saint-Patrick à Montréal. (John Mahoney, The Gazette)

À gauche : Tout était bon pour lutter contre le froid. Pour se tenir chaud, Mahaya Boicel (à g.), Roukouchi Boicel (à dr.) et leur mère Gemma Mattheij, de Westmount, dormirent dans une tente installée dans le salon. (Phil Carpenter, The Gazette)

À droite : On s'entraidait souvent lorsqu'il fallait dégager une voiture prise dans la neige et la glace. Saint-Henri, Montréal. (Robert Skinner, La Presse)

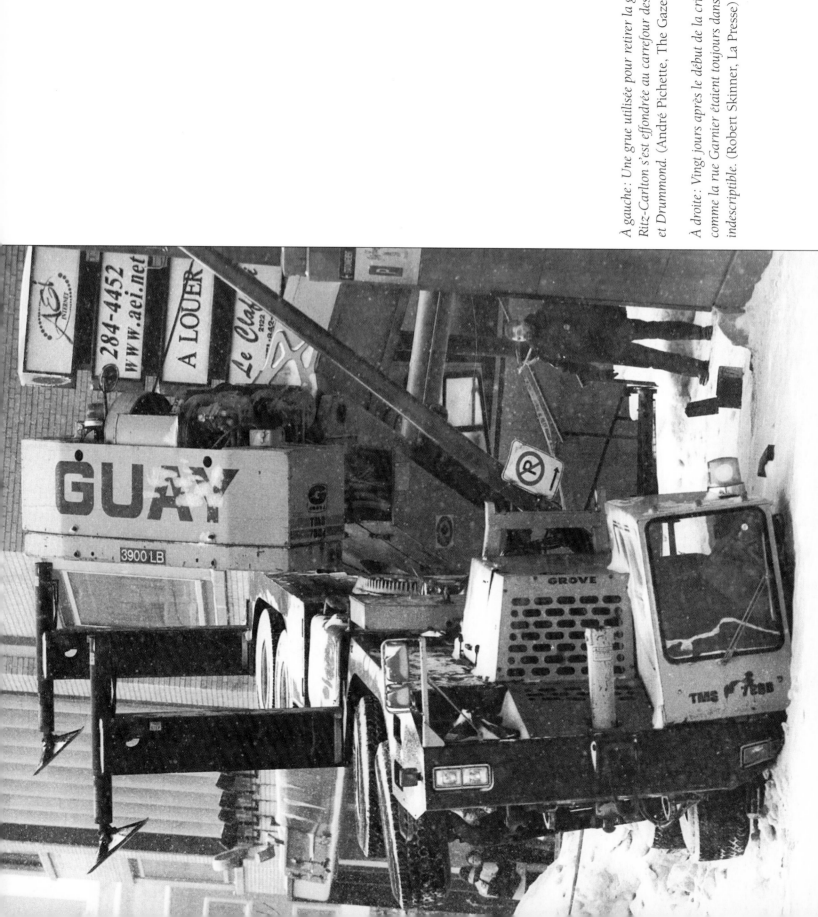

À gauche : Une grue utilisée pour retirer la glace du toit du Ritz-Carlton s'est effondrée au carrefour des rues Sherbrooke et Drummond. (André Pichette, The Gazette)

À droite : Vingt jours après le début de la crise, des rues comme la rue Garnier étaient toujours dans un état indescriptible. (Robert Skinner, La Presse)

Montréal, rue Chateaubriand. Après la pluie verglaçante, ce fut la neige qui tomba sur Montréal, compliquant encore la situation dans des rues comme celle-ci.
(Robert Skinner, La Presse)

Deux mains ne suffisaient pas pour Louise Caillier qui se servit de sa tête. On la voit ici marchant au milieu des débris pour attraper un bus dans l'avenue du Parc.
(John Kenney, The Gazette)

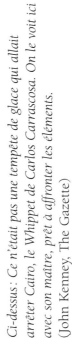

Ci-dessus : Ce n'était pas une tempête de glace qui allait arrêter Cairo, le Whippet de Carlos Carrascosa. On le voit ici avec son maître, prêt à affronter les éléments.
(John Kenney, The Gazette)

À gauche : Pour Charles Masson et ses collègues messagers à vélo, le travail devint une course à obstacles.
(Dave Sidaway, The Gazette)

Les autobus montréalais étaient ralentis à l'extrême et la moitié des lignes de métro fermées par les pannes. Des banlieusards qui essaient de rentrer chez eux attendent un bus au coin de René-Lévesque et Bleury, le vendredi 9 janvier. (Pierre Obendrauf, The Gazette)

À gauche : Boule de Noël géante, la magnifique Biosphère de l'île Sainte-Hélène.
(Gordon Beck, The Gazette)

Ci-dessus : ... mais le déglaçage de ses structures ne fut pas facile.
(Martin Chamberland, La Presse)

Chapitre quatre

DE QUISPAMSIS À SANANKOROBA : SOLIDARITÉ

« *Chers maire et conseil municipal d'Ottawa : mon frère et moi, nous vous envoyons notre argent de poche. On voudrait vous aider pour la tempête de verglas. Nous aussi, on a perdu l'électricité pendant trois jours et demi. Nos amitiés, Joshua et Christopher.* »

C es deux petits Néo-Brunswickois vivent à Quispamsis, un village situé à 20 km au nord de Saint John. Joshua et Christopher joignirent deux dollars à leur lettre, et la pièce bicolore alla s'ajouter aux autres dons envoyés au fonds de secours, de tout le Canada et même de l'étranger.

Dans les jours qui suivirent la tempête, les grandes entreprises et les petits enfants firent preuve d'une volonté inhabituelle de donner un coup de main. Molson et Labatt mirent en circulation des coupons destinés à remplacer toute bouteille de bière gâtée par le gel. À Metcalfe, la Banque Royale ouvrit un compte spécial pour venir en aide à un producteur laitier local dont la toute nouvelle étable, venait de s'effondrer sous le poids de la glace. Il y eut des dizaines, des centaines, des milliers d'anecdotes semblables. Les images et les reportages sur la crise touchèrent le cœur des

À gauche : Kerry Goral, 2 ans, et sa nouvelle amie, Anna Francsek, s'amusent dans le centre d'hébergement de la polyvalente Loyola, Montréal. (Pierre Obendrauf, The Gazette)

Lorsque les gens sont résolus à s'entraider, la générosité devient un langage que tous comprennent. Aimé Beaudoin, un travailleur forestier de Gaspé, Gaëtan Boisselle de Sorel et le soldat Rob Gallagher d'Edmonton font équipe pour couper du bois destiné aux habitants de Saint-Luc, Québec, sinistrés pendant des semaines. (Marie-France Coallier, The Gazette)

Ci-dessus: Un camion transportant du bois de chauffage vers les régions sinistrées s'est renversé sur la route 40 près de Louiseville. Le chauffeur s'en est sorti sain et sauf. (Alain Bédard, Le Nouvelliste)

À gauche: Dans tout le Québec, l'Ontario et le nord-est des États-Unis, des centaines de bénévoles comme Franco Serraiulo coupèrent du bois pour les sinistrés. (Michel St-Jean, La Voix de l'Est)

gens ; offrir son aide devint un réel plaisir. Des centaines de bénévoles provenant de la Mauricie descendirent vers La Tuque pour couper du bois et en charger des camions à destination du « triangle de glace ». Grand Forks, une petite ville britanno-colombienne, fit venir par avion des dizaines de jeunes écoliers de Saint-Jean-sur-Richelieu et McMasterville au cours de ce qui fut appelé « Project Freeze Lift ».

À l'étranger aussi, les gens s'émurent. Les nouvelles de la tempête parvinrent rapidement jusqu'en Afrique et au village de Sanankoroba au Mali. Depuis trente ans, Sanankoroba est jumelé avec Sainte-Élisabeth, près de Joliette. Le jumelage, inauguré par un échange de visites entre producteurs laitiers, s'est poursuivi grâce au soutien du SUCO. Le Mali est l'un des pays les plus pauvres du monde. Selon le classement des Nations unies, il se situe tout en bas de l'échelle, avec le Rwanda et la Sierra Leone, mais la générosité n'a jamais été l'apanage des riches.

Lorsque les habitants de Sanankoroba ont appris l'ampleur du désastre qui frappait le Québec, ils ont fait une collecte et recueilli cent dollars (de quoi nourrir une famille malienne pendant des mois) qu'ils ont envoyé à Sainte-Élisabeth. « Il ne faut pas voir cela comme un don de gens pauvres à des gens riches, déclara alors Moussa Konaté, le maître d'école. C'est un geste fait par des êtres humains envers d'autres êtres humains. Nous croyons que cela montre au monde que la solidarité n'est pas toujours à sens unique. »

En quelques occasions, la tempête révéla la bonté de parfaits inconnus, parfois ce fut la gentillesse d'amis. Au dire de tous, Marguerite Lacroix a survécu à la tempête avec une sérénité enviable. Veuve, elle vit seule à Rosemont. Elle est aussi la mère de vingt et un enfants. Rosemont a eu beaucoup de chance ; bien que les arbres aient été sévèrement touchés, le quartier n'a pratiquement pas connu de pannes. Mme Lacroix

Marguerite Lacroix, une dame de 79 ans vivant dans le quartier Rosemont. Cinq de ses vingt et un enfants, et leurs familles, se réfugièrent chez elle pendant la crise. (Pierre Côté, La Presse)

mit à profit cette chance en recueillant ses filles Hélène, Thérèse et Julie, son fils Ronald et sa petite amie, ainsi que son fils Daniel avec femme et enfants.

Cette dame fut peut-être une exception. L'humeur de la plupart de ceux qui durent s'adapter à des conditions improvisées tourna vite à l'aigre et la générosité fut mise à rude épreuve. Un Montréalais, qui vit avec ses dent enfants, ouvrit grand sa porte après la tempête. Débarquèrent alors son amie, la fille et le chien de son amie, la mère de son amie et son chien, puis le chien de son ex-femme. Ajoutons que l'un

des chiens est sourd et l'on comprend pourquoi ce monsieur afficha une légère lassitude au bout de quelques jours.

Des dizaines de milliers de personnes passèrent au moins une partie de la crise dans des centres d'hébergement. Loin d'être des hôtels, pas vraiment des hôpitaux ni des centres de détention à sécurité minimale, les centres de secours tenaient quelque peu du camp de réfugiés. Ceux qui y pénétraient y trouvaient un authentique microcosme de notre société : jeunes et vieux, anglophones et francophones, pauvres et plus fortunés, tous partageaient le même sort, la perte soudaine de leur domicile. Jacob, le premier bébé de l'année de Saint-Jean, prit le chemin d'un centre d'hébergement moins d'une semaine après sa naissance ; certains de ses coréfugiés avaient près de quatre-vingt-dix ans.

Il est sans doute facile de revoir tous ces événements à travers le filtre que le temps met sur toutes choses. Facile d'évoquer la générosité et la chaleur, les rires et les plaisanteries qui circulaient. Facile d'oublier que se retrouver sans domicile, même temporairement, est une expérience traumatisante. Il faut pourtant reconnaître que le temps, dans ces centres, passait lentement. L'ennui y régnait et les émissions semblaient encore plus irréelles qu'à l'habitude dans cette petite lucarne qui se révéla malgré tout une arme exceptionnelle de distraction massive. La nuit, le sommeil pouvait être difficile à trouver. Aux ronflements, gémissements, lamentations, prières et fous rires des ados, s'ajoutaient parfois d'imprévisibles cris et des hurlements. Dans un centre, une vieille dame appelait « Lorraine ! Lorraine ! » nuit après nuit, sans qu'aucune Lorraine n'apparaisse jamais. L'un de mes amis se leva au milieu de la nuit et faillit marcher sur un enfant endormi sur le sol.

Pour les réfugiés des centres, les repas étaient des moments marquants. Dans certains centres, on s'efforçait d'offrir aux résidents un menu varié et parfois surprenant ; dans d'autres, le contenu de l'assiette était nourrissant mais connu d'avance. Évidemment, personne ne s'y

Dans tout le Québec, des scènes comme celle-ci étaient courantes alors que bien de gens « qui n'en avaient pas » trouvaient refuge chez ceux « qui en avaient ». Le petit Alex, fils de l'ex-joueur des Canadiens Marc Bureau, semble encourager son père au cours d'un match se déroulant à Tampa. Lui et sa mère, Louise Binette, ont quitté leur maison de Longueuil pour la résidence familiale de Trois-Rivières. Sur la photo, de g. à dr. : Alex, son grand-père Roch Binette, son oncle Jean, Annie Hébert, sa grand-mère Irène et sa maman Louise.
(Marie Duhaime, Le Nouvelliste)

À gauche : Ce fut une période d'émotions intenses. Les pannes chassèrent des milliers de personnes de leur demeure. Au Québec, 454 centres d'hébergement furent ouverts dans des centres communautaires, des écoles, des gymnases, des hôpitaux et des arénas. Il y en eut 85 en Ontario. Sur cette photo, le petit Dool Nath, âgé de sept ans, pleure sur son lit pliant dans le centre de la Petite Bourgogne à Montréal. (Pierre Obendrauf, The Gazette)

Léonine François, fortement éprouvée par les événements et marquée par la fatigue, a trouvé refuge au centre d'hébergement ouvert dans l'aréna de Pierrefonds, Québec.
(Dave Sidaway, The Gazette)

rendait en espérant y faire bombance. On y cherchait un abri sûr, de la chaleur et de la lumière. Cependant, même les centres risquaient à tout moment de se voir privés de courant. Lorsqu'à Notre-Dame-de-Grâce, les lumières s'éteignirent dans un gymnase sans fenêtre converti en refuge, l'obscurité totale ne terrifia pas seulement les petits enfants qui s'y trouvaient avec leurs familles.

Pour les gens désemparés face à ces événements, pour les très vieux, les très jeunes et leurs parents, ce furent des moments difficiles, comme pour ceux qui arrivaient confiants dans un centre d'hébergement et s'y faisaient voler. Au Palais des congrès de Montréal, on assista à une vague de vols, et il y eut plus d'une victime de crises d'angoisse aiguë. À la polyvalente Armand-Racicot de Saint-Jean-sur-Richelieu, plus de 2000 victimes de la tempête se nourrissaient de sandwiches et passaient des nuits sans chaleur. Sans eau chaude, leurs conditions de survie étaient à peine tolérables. D'autant plus intolérables étaient les quelques adolescents (« Des petits tueurs, de vrais bandits ! », déclara le maire de la ville) qui terrorisèrent les autres réfugiés jusqu'à ce qu'on les expulse.

Dans certains cas, on tenta de séparer les jeunes des personnes âgées. À Saint-Hyacinthe, 400 aînés furent dirigés vers un grand hôpital gériatrique. Désemparés, traumatisés ou frappés par l'épidémie de grippe qui se propagea dans les dortoirs surpeuplés, certains ne regagnèrent jamais leur maison.

Les meilleurs centres d'hébergement étaient ceux qui bénéficiaient de la meilleure organisation et du plus grand nombre de bénévoles. Ces bénévoles, se retrouvèrent soutenus et divertis à leur tour par ceux et celles à qui ils venaient donner un coup de main. Robert Hogg, un ancien combattant de 80 ans, quitta son logement de Kingston, après quelques jours sans chauffage, pour un centre mis sur pied par l'hôpital psychiatrique local. Il y passa des heures à faire le récit de ses aventures dans l'Atlantique Nord, à bord des vaisseaux de la Marine royale du Canada.

Après deux semaines passées à la polyvalente P.-G. Ostiguy de Saint-Césaire, cette petite fille était prête à rentrer chez elle, mais sa ville resta privée d'électricité pendant quinze jours de plus. (Alain Dion, la Voix de l'Est)

Bien sûr, il avait croisé la route de quelques icebergs, mais les navires, comme le cœur chanté par Céline, avait poursuivi leur route. Le centre d'hébergement de Kingston lui rappelait les abris de la Seconde Guerre mondiale. L'analogie était frappante : des milliers de Canadiens étaient alors en train de dormir sur des lits de camp de l'armée américaine.

Dans la plupart des refuges — malgré les difficultés, l'anxiété et l'ennui — le sentiment de solidarité était intense. Cet inconnu avec son plateau-

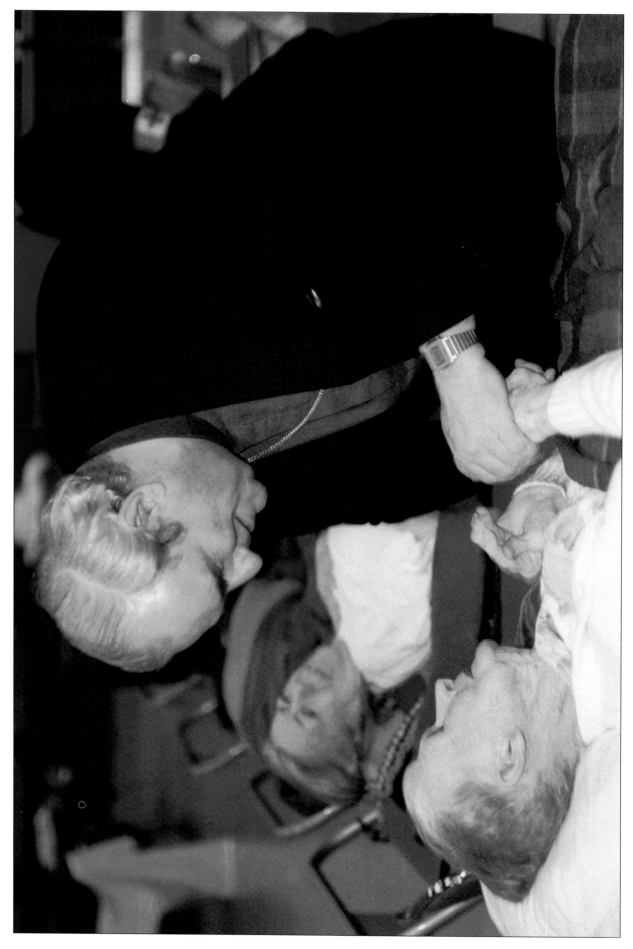

Le cardinal Jean-Claude Turcotte tente de rassurer les sinistrés qui ont trouvé refuge au Palais des congrès de Montréal. Ellen McCaw, 83 ans, était parmi les nombreuses personnes âgées forcées de quitter leurs domiciles après le début des pannes. Certains secteurs de la métropole furent privés de courant pendant quatorze jours. (Robert Skinner, La Presse)

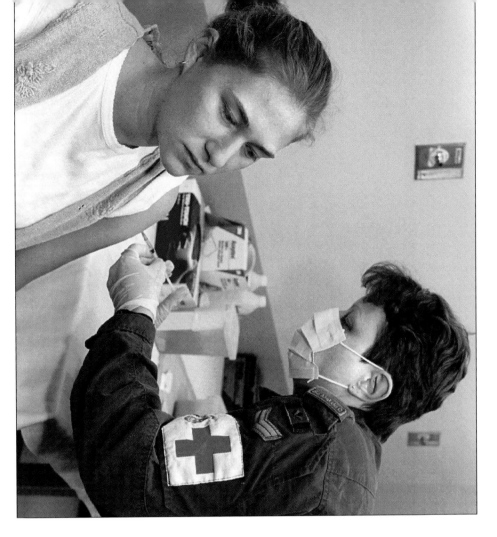

repas ou cet autre étendu sur son matelas près de vous, appartenait, après tout, à votre collectivité, il était un morceau de ce pays-puzzle, un élément d'un grand tout. Dans l'immense centre d'hébergement de Pointe-Claire installé dans les locaux de son fameux complexe nautique, une minuscule vieille dame trouva l'expérience si palpitante et fut tellement ravie d'avoir enfin de la compagnie qu'elle ne voulut plus rentrer chez elle.

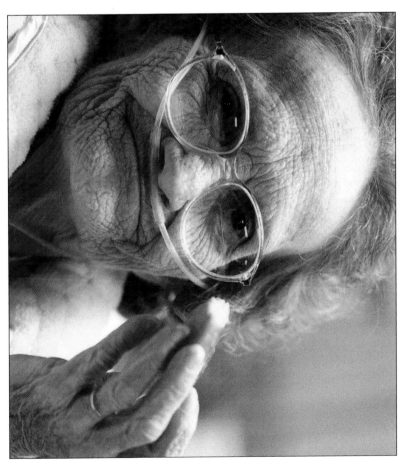

À gauche: La caporale Sylvie Paquet administre un vaccin contre la grippe à Anne Picard, une aide-infirmière de l'hôpital de Saint-Hyacinthe. Après la tempête et les pannes, la région fut frappée par une épidémie de grippe. (Ryan Remiorz, Presse canadienne)

Evelyn Boal, 80 ans, reprend des forces dans le centre d'hébergement de Kemptville, Ontario. Elle fut conduite dans ce centre, avec son appareil respiratoire, lorsque l'immeuble où elle vit se trouva plongé dans le noir. (Lynn Ball, Ottawa Citizen)

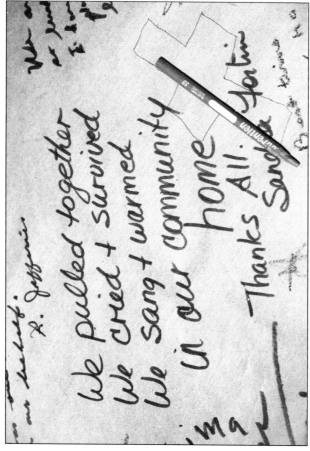

Ci-dessus: «Nous avons lutté ensemble. Nous avons pleuré mais survécu. Nous avons chanté et nous nous sommes réconfortés les uns les autres...» *Dans les centres d'hébergement, la solidarité était forte malgré les épreuves. Lorsque l'électricité fut rétablie à Greenfield Park, ceux qui avaient trouvé refuge au Centennial High School voulaient se dire un grand «merci!» collectif par le biais d'un livre d'or géant ouvert aux sinistrés qui retournaient chez eux.* (Gordon Beck, The Gazette)

À gauche: Odile Chouinard avec Kevin, son petit-fils de 3 ans, dans la polyvalente Armand-Racicot de Saint-Jean. (Gordon Beck, The Gazette)

Glen Aragon, 4 ans, surveille ce qui se passe dans le centre d'hébergement de la Petite Bourgogne à Montréal. (Pierre Obendrauf, The Gazette)

Bill et Phyllis Derry, tous deux octogénaires, font contre mauvaise fortune bon cœur pendant leur séjour forcé au centre de secours de Kemptville, Ontario.
(Lynn Ball, Ottawa Citizen)

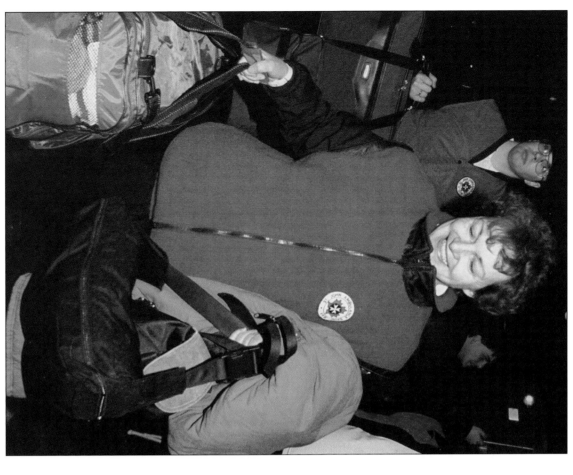

Claude Germain, originaire de Saint-Félicien au Saguenay, arrive à la gare d'autocars de Montréal. Elle est en chemin pour la région de Saint-Jean-sur-Richelieu où elle aidera les sinistrés. En tout, plus de 3300 employés et bénévoles de la Croix-Rouge apportèrent aide et réconfort à près de 334 000 personnes affectées par la tempête. (Dave Sidaway, The Gazette)

Joe Morena, propriétaire de la Bagel Shop de la rue Saint-Viateur à Montréal, distribua gratuitement de pleins sacs de bagels chauds à ceux de ses clients qui n'avaient plus d'électricité. (Pierre Obendrauf, The Gazette)

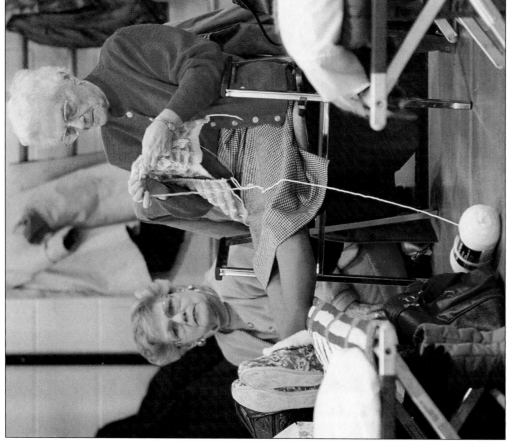

Ci-dessus: Tout ce dont Lulu Dixon, 85 ans, avait besoin, c'était d'une chaise et de son tricot pour se sentir chez elle au centre d'hébergement mis sur pied dans le centre récréatif de Beaconsfield, Québec. (Dave Sidaway, The Gazette)

À gauche: Mike Harris, premier ministre de l'Ontario, fit une tournée des régions de sa province affectées par le verglas. On le voit ici avec Stewart Clelland, cinq ans, l'un des nombreux bénévoles de Maxville et Vankleek Hill remerciés personnellement par le premier ministre. (Julie Oliver, Ottawa Citizen)

Shawn Steinberg de la boutique Aqua Tropical indique sur la vitre de l'aquarium que ces deux Severum doré ne sont pas à vendre. Pendant la crise, les habitués de ce magasin montréalais sont venus nombreux mettre leurs poissons à l'abri et en pension. (Dave Sidaway, The Gazette)

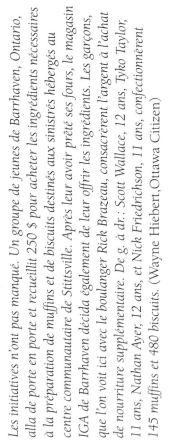

Ci-dessus : Shawn Martel, 11 ans, apporte des couvertures au centre d'héberge-ment de Vankleek Hill, Ontario. (Dave Chen, Ottawa Citizen)

À droite : Les génératrices tournaient à plein régime pendant la panne. Richard Rubin de Hampstead, Québec, ici avec sa chienne Maggie, partagea les siennes avec ses voisins. (Gordon Beck, The Gazette)

Les initiatives n'ont pas manqué. Un groupe de jeunes de Barrhaven, Ontario, alla de porte en porte et recueillit 250 $ pour acheter les ingrédients nécessaires à la préparation de muffins et de biscuits destinés aux sinistrés hébergés au centre communautaire de Stittsville. Après leur avoir prêté ses fours, le magasin IGA de Barrhaven décida également de leur offrir les ingrédients. Les garçons, que l'on voit ici avec le boulanger Rick Brazeau, consacrèrent l'argent à l'achat de nourriture supplémentaire. De g. à dr. : Scott Wallace, 12 ans, Tyko Taylor, 11 ans, Nathan Ayer, 12 ans, et Nick Friedrichson, 11 ans, confectionnèrent 145 muffins et 480 biscuits. (Wayne Hiebert, Ottawa Citizen)

Chapitre cinq

LES HÉROS ANONYMES

« J'ai connu quelques ouragans aux États-Unis, mais c'était loin de ressembler à ça. Quand on est arrivé, on s'est demandé si Armageddon avait commencé. »

– Harry Morad, contremaître, Public Service
Electric & Gas Co., Newark, New Jersey

C ela commença par une veille météo, mais bien vite les conditions météorologiques devinrent presque secondaires. Si la tempête de glace paralysa l'existence de millions de citoyens, ce ne fut pas vraiment à cause de la quantité inouïe de pluie verglaçante qui s'abattit. En 1984, à Terre-Neuve, une tempête avait déversé 150 mm de verglas – deux fois plus que ce qui a frappé Montréal – et immobilisé temporairement Saint John's. Mais quatorze ans plus tard, des conditions météorologiques exceptionnelles sont parvenues à estropier lourdement le réseau électrique du Québec, de l'est de l'Ontario et du nord de la Nouvelle-Angleterre, et à paralyser ces régions. Blottis dans des gymnases, des salles paroissiales, des centres commerciaux et autres abris, les sinistrés

À gauche : Deux monteurs de lignes, dangereusement perchés sur un pylône, tentent de raccorder les lignes de transmission au poste de Saint-Césaire. (Dave Sidaway, The Gazette)

Une des images du grand verglas que les Québécois ne sont pas près d'oublier : le premier ministre Lucien Bouchard et le président d'Hydro-Québec, André Caillé – avec son célèbre col roulé –, donnent une conférence de presse conjointe pour faire appel à la solidarité de tous et informer la population de l'évolution de la situation. (Pierre Obendrauf, The Gazette)

ne priaient pas pour le retour du beau temps. Ils priaient pour que le courant soit rétabli.

Cette tempête n'a pas seulement démontré que nous sommes à la merci des caprices du temps, elle a prouvé que nous sommes des otages de l'électricité. « Être branché », « la tension monte », « de l'électricité dans l'air », « le courant ne passe plus », « atmosphère survoltée » et « faire des étincelles » ne sont pas seulement des tics de langage, ils illustrent la façon dont la fée électricité a transformé nos vies.

Les images les plus frappantes de toute la crise resteront longtemps celles de ces pylônes effondrés, de ces poteaux abattus, de ces câbles entremêlés. Photo après photo, des monceaux de ferraille tordue, des poutrelles d'acier cassées en deux gisent dans l'immensité enneigée pour nous rappeler l'indéniable vérité : un réseau entier a été frappé à mort. C'était amusant au début d'improviser, d'installer la cuisinière de camping dans l'entrée du garage et d'y faire cuire du bacon et des œufs. C'était amusant de se concocter un petit déjeuner d'hommes des bois dans la cheminée, d'y faire chauffer l'eau et d'utiliser un cintre pour se faire des toasts. Mais l'amusement fut de courte durée. Être prisonnier des embouteillages d'un centre-ville plongé dans la nuit vous mettait les nerfs à fleur de peau. Être couché dans l'obscurité, et écouter le vent démembrer un arbre avait quelque chose de terrifiant.

Au milieu du chaos, la nature humaine se tourne vers des héros. Certains des héros de cette crise furent sans aucun doute les travailleurs des sociétés de distribution d'électricité, ceux que les jeunes appelaient les *Power Rangers*. Au Québec, les plus fameux d'entre eux furent Denis Bouchard et Jean-Yves Boies qui accomplirent une mission héliportée spectaculaire pendant l'après-midi du 15 janvier. Ils se balancèrent au-dessus du Saint-Laurent pour réparer une ligne qui fournit 200 précieux

Saint-Isidore, rive sud de Montréal. (Rémi Lemée, La Presse)

Des géants à genoux. (Martin Chamberland, La Presse)

mégawatts à l'heure à l'île de Montréal. Suspendus à l'hélicoptère, au milieu des rafales et par une température glaciale, Bouchard et Boies passèrent en direct à la télévision : de l'info comme film d'action, des travailleurs en plein boulot comme divertissement ! Au sol, leur contremaître Alain Trottier maudissait les caméras, car un réseau d'information avait loué un hélicoptère qui tournoyait dangereusement autour des deux monteurs et de leur pylône glacé. Mais Hydro-Québec était ravi, l'alimentation en électricité de Montréal était sauve, de même que sa réputation.

Au Québec comme en Ontario, ils étaient des milliers à travailler dans l'ombre – loin des caméras et des quinze minutes de célébrité chères à Warhol – pendant des heures, dans des conditions souvent dangereuses. Il en arrivait de Détroit, de Winnipeg, de l'Ohio et du New Jersey. Lorsqu'ils débarquaient, effarés par l'ampleur des dégâts, on devait les équiper de sous-vêtements et de gants isothermes, puis ils se mettaient à l'œuvre et contribuaient à reconstruire un réseau infirme. Du haut de leurs échelles, dans leurs cirés oranges, ces inconnus à lunettes de soleil rétablissaient également le fonctionnement de notre système nerveux collectif.

Vers la mi-janvier, une vague de froid descendit de la baie d'Hudson. Moins 18, moins 20, mais le travail se poursuivait. Quelles qu'aient été les erreurs commises par les services d'électricité, on ne pouvait les reprocher aux monteurs de lignes. On les encourageait avec des biscuits et des beignes, du café préparé sur des poêles de fortune et, surtout, on les applaudissait. « Je ne veux pas retourner chez moi ! » déclara Mike Carson, un monteur de Toronto, à un journaliste qui l'interviewait à Kingston. « Quand une vieille dame vient vous serrer sur son cœur, ça

À droite : La route vers Marieville, le 8 janvier.
(Armand Trottier, La Presse)

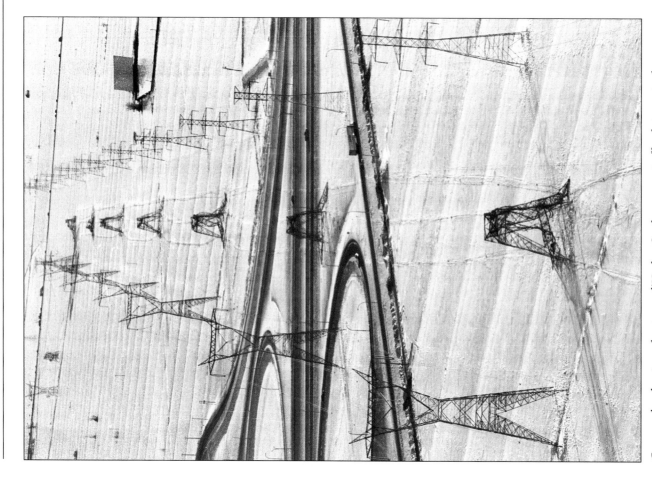

Comme des dominos, les tours d'Hydro-Québec se sont effondrées près de Boucherville, le long des autoroutes 20 et 30. (André Pichette, The Gazette)

Ils furent nombreux à passer la plus grande partie de ces trois semaines dans la nacelle de leur « girafe » qui se balançait au-dessus du sol gelé. Ils commençaient et finissaient leur travail dans l'obscurité, ils dînaient en moins d'une demi-heure pour ne rien perdre de leur énergie et avoir la force d'y retourner. En temps normal, une équipe de trois hommes installe et branche de huit à dix poteaux par jour, dans les meilleures conditions. Mais dans certains coins reculés de la campagne plus de 80 % des poteaux devaient être remplacés. Les travaux de reconstruction avançaient avec une lenteur désespérante.

Sans tenir compte du temps qu'il faisait, rien de semblable à cette panne massive n'était jamais arrivé au Canada. Il est certain que blizzards et tempêtes de glace ont causé des dégâts dans le passé. De nos jours, comme il y a dix ou vingt ans, les hôpitaux s'attendent à ce que chaque averse de pluie verglaçante s'accompagne de son contingent de poignets foulés. La différence avec le passé ne se manifeste pas dans les conséquences physiques ou matérielles, elle réside plutôt dans l'impact psychologique de tels événements. Nous n'avons jamais été aussi gourmands d'électricité, jamais aussi dépendants. Avec nos ordinateurs, nos lave-vaisselle, nos postes de télé et nos fours grille-pain, la vie quotidienne paraît difficilement envisageable sans électricité. Il faut l'admettre, nous sommes tous accros.

Il y a un siècle, les fermiers comme les citadins n'étaient pas aussi vulnérables. Ils se chauffaient au bois et lorsqu'ils voyageaient de nuit, nombre d'entre eux pouvaient encore se diriger en observant les étoiles. L'électricité n'était plus vraiment une invention nouvelle, mais à Montréal, ce n'est qu'en 1892 que de riches convives purent déguster, à l'hôtel Windsor, un repas entièrement cuisiné à l'électricité.

À droite : Arbres, lignes électriques, poteaux de téléphone abattus, c'était l'apocalypse autour de Rougemont, en plein cœur du triangle infernal.
(Denis Courville, La Presse)

Lorsque la tempête prit fin, elle avait abattu ou sérieusement endommagé 1000 pylônes d'acier au Québec et 300 en Ontario.
(Martin Chamberland, La Presse)

vous aide à continuer ! » Le destin se montra particulièrement généreux pour sept monteurs de lignes terre-neuviens. Pendant l'une de leurs trop rares périodes de repos, entre deux campagnes de réinstallation de poteaux près de la petite ville de Lacolle, ils s'achetèrent un billet de loterie qui leur rapporta 1,89 million de dollars.

Par contre, depuis la Révolution tranquille des années 60, les destinées de la Belle Province semblent étroitement liées à celles d'Hydro-Québec. Il n'y a donc rien de surprenant au fait que le premier ministre, Lucien Bouchard, et le président d'Hydro, André Caillé, nous aient semblé presque inséparables pendant les semaines de crise. Leurs conférences de presse conjointes devinrent un rituel nocturne. Le politicien en complet noir et l'homme d'affaires au col roulé avaient besoin l'un de l'autre. S'ils ne s'étaient pas dressés ensemble, ils auraient couru le risque de sombrer séparément. La plupart des Québécois semblaient décidés à les croire. Les vraies questions pouvaient attendre.

Elles finirent par être posées. Des questions sur l'effondrement de quatre des cinq lignes – la fameuse « boucle d'alimentation » – qui desservent l'île de Montréal. Et pourquoi notre service bien-aimé n'avait-il aucun plan d'urgence prévoyant la collaboration des municipalités, ni service de crise permanent, ni même de système de simulation pour étudier les mesures à prendre en cas de pannes généralisées? On s'interrogea également sur les raisons qui poussèrent Hydro, au début janvier, à appeler à la rescousse des travailleurs de Colombie-Britannique ou d'aussi loin que le Texas, alors que 4000 de ses employés restaient chez eux et percevaient leur plein salaire.

Pendant la crise, l'électricité ne devint pas seulement un produit domestique essentiel (elle l'était déjà), mais un bien auquel nous pensions sans cesse. La tempête enrichit notre vocabulaire de mots nouveaux et de quelques expressions. Nous fûmes nombreux à découvrir l'existence du *galop des lignes*, un phénomène dû à des vents d'intensité moyenne ou forte qui apparaît à la suite de la formation d'une couche de givre ou de verglas sur les câbles aériens. Le *galop des lignes*... un sujet d'inquiétude de plus pour ceux qui y étaient enclins.

Néanmoins, même lorsque l'électricité se fit rare et intermittente, tout le monde ne fit pas l'effort d'éviter le gaspillage. Une semaine après le

Le premier ministre Lucien Bouchard dans l'hélicoptère qui l'emporte de Sainte-Julie vers le triangle noir pour une distribution de chèques de secours aux sinistrés. Dans des moments dramatiques comme celui que nous avons vécu, les dirigeants se doivent d'être présents sur les lieux.
(Marcos Townsend, The Gazette)

Sous le poids de la glace, d'immenses pylônes se plièrent comme des jouets de laiton. (Robert Skinner, La Presse)

Ci-dessus: Un spectacle comme celui-ci, photographié près d'une maison de Sainte-Perpétue, était courant dans la région du triangle noir québécois. La panne dura jusqu'à 33 jours dans certains secteurs.
(Alain Bédard, Le Nouvelliste)

À gauche: Steve Lusk réparant les lignes téléphoniques dans la rue Counter à Kingston, Ontario, le 9 janvier. (Ian McAlpine, Kingston Whig- Standard)

À droite: Travailleurs haut perchés et pylône plié en deux, près de Saint-Basile-le-Grand, rive sud de Montréal. (Phillip Norton)

déluge glacé, alors que le cœur de Montréal était toujours censé être un quartier fantôme, je suis tombé par hasard sur une boutique inondée de lumière par une bonne centaine de projecteurs. Un gigantesque haut-parleur déversait de la musique rock sur quelques clients hagards, dépassés en nombre par les employés. « On nous a dit que c'était à nous de décider d'ouvrir ou pas », me dit la gérante avant de s'éloigner. Ma consternation se mua en colère, même si le sort de la métropole ne dépendait pas vraiment du manque de civisme d'une seule boutique.

Aujourd'hui, les mois ont passé et il est tentant de considérer l'électricité comme allant de soi. Nous avons oublié les jours difficiles où les guichets automatiques ne fonctionnaient pas et où les espèces sonnantes et trébuchantes avaient repris droit de cité. Nous dégustons nos expressos, nos cappuccinos, et le souvenir semble lointain du temps où une tasse de café instantané était presque un luxe.

Sans aucun doute, il serait difficile de renouer ce lien profond qui nous attachait, en janvier, à cette énergie qui règne sur notre monde. Seuls les mystiques en sont peut-être capables. Dans une simple feuille de papier, fit remarquer un sage bouddhiste vietnamien nommé Thich Nhat Hanh, il est possible de voir le soleil, les nuages, les arbres de la forêt et même le bûcheron. Instruits par la tempête de glace, nombre d'entre nous se mirent à regarder sous un jour nouveau ces fils secoués par le vent qui courent d'une maison à l'autre. Tant de choses dépendaient d'eux ! Ils nous semblèrent alors étonnamment frêles, délicats, presque mortels. Dans chaque brin de leur métal, peut-être pourrions-nous encore discerner l'averse nordique, le cours d'eau impétueux, les turbines, les transformateurs, les fils de nos vies ?

Des câbles serpentent sur le sol gelé autour d'un pylône effondré.
(André Pichette, The Gazette)

Huit jours après le début de la tempête, une église de Saint-Jean-sur-Richelieu couverte de glace et entourée de poteaux cassés. Il a fallu plusieurs semaines pour que l'électricité soit rétablie dans cette petite ville. (Robert Mailloux, La Presse)

Des équipes de monteurs du Nouveau-Brunswick se joignirent à leurs collègues québécois pour redonner vie à Saint-Jean-Baptiste-de-Rouville.
(Dave Sidaway, The Gazette)

« Girafes » et monteurs de lignes au travail dans le « triangle de glace ». (André Pichette, The Gazette)

Près de Saint-Césaire, une des villes les plus durement touchées par le verglas. (Armand Trottier, La Presse)

Saint-Jean-sur-Richelieu, Québec, 8 janvier, jour 3 de la tempête du siècle. (Armand Trottier, La Presse)

À gauche : Coucher de soleil sur un paysage désolé. (Phillip Norton)

À droite : Des travailleurs sont venus de Toronto pour aider leurs collègues d'Ottawa Hydro dans l'avenue Woodward. Ed Spoelstra, contremaître chez K-line, Gary Klein-Swormink (à dr.), contremaître d'Ottawa Hydro, et deux monteurs dans la nacelle d'une «girafe». (Rod MacIvor, Ottawa Citizen)

Dans la nacelle de leurs «girafes», des monteurs de la Connecticut Light and Power réparent les lignes de la rue Irwin à Granby. (Alain Dion, La Voix de l'Est)

Ci-dessus : Le travail se fit dans des conditions extrêmement rigoureuses.
(Étienne Morin, Le Droit)

À gauche : Daryl Harrison de Brampton Hydro était déjà dans sa nacelle
lorsque le soleil se leva sur le Saint-Laurent, le 10 janvier.
(Phil Kall, Brockville Recorder and Time)

Un col bleu de Kingston dégage des branches pour permettre le remplacement des lignes électriques. (Michael Lea, Kingston Whig-Standard)

Dave Thiel (à g.) et Terry Moore, de Waterloo, Ontario, à l'œuvre près de la petite ville d'Edwards. (Patrick Doyle, Ottawa Citizen)

Louis Lauzon, du service forestier de Nepean Hydro, au travail sur la route Brennmann près d'Ottawa. (Wayne Hiebert, Ottawa Citizen)

Pour les résidents de la route 112 à Saint-Paul d'Abbotsford, Québec, Milton Hall, un monteur de ligne américain de la Detroit Edison Company est un des héros. Le 14 janvier, Milton brava un froid de -20 °C pour continuer la réparation de leurs lignes. (Alain Dion, La Voix de l'Est)

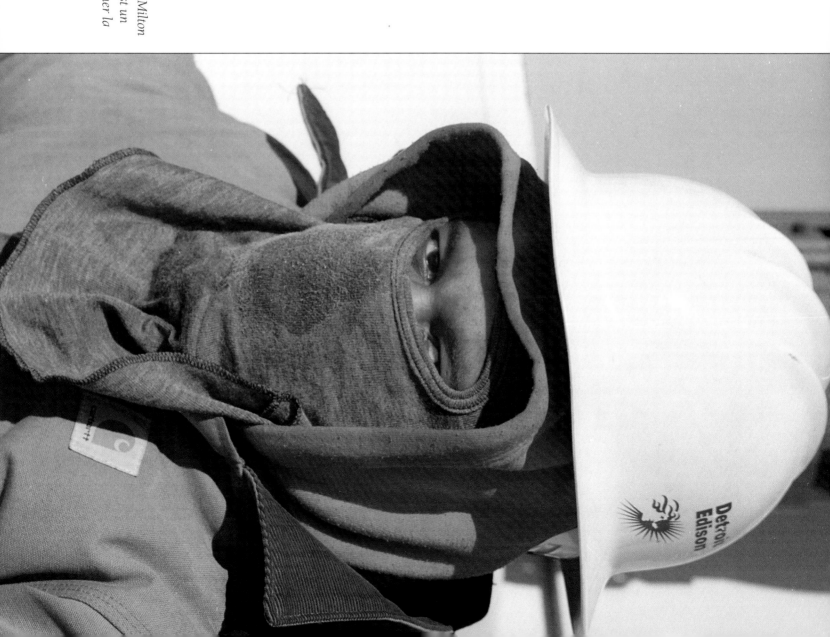

Ci-dessus: Le verglas porta chance à ces sept monteurs de lignes terre-neuviens. Venus aider leurs collègues de Bell Canada, ils travaillaient à l'installation de nouveaux poteaux dans la région de Sainte-Polycarpe et Lacolle; ils achetèrent un billet de loto qui rapporta plus de 250 000 $ à chacun d'entre eux. Au 1er rang, de g. à dr.: Roland Taylor, Christopher Slade, Kent Samson et Gérard Collier. Derrière eux: Lorne Strickland, l'animateur Yves Corbeil, Marc-André Valiquette (un ami qui n'était pas parmi les gagnants), Christopher Crocker et Boyde Howell. (Loto-Québec)

À gauche: La bannière étoilée précède ces travailleurs de la Connecticut Light and Power Company occupés à reconstruire le réseau, ici, dans l'avenue Oxford, Montréal. (Peter Martin, The Gazette)

Ci-dessus : Quelques héros du « grand verglas ». (De g. à dr.) Gary Klein-Swormink d'Ottawa Hydro, Brad Condon, Jonathan Dale et Ed Spoelstra de Toronto apprécient une légère éclaircie, le 12 janvier. (Chris Mikula, Ottawa Citizen)

À droite : Un groupe de 140 monteurs de Manitoba Hydro roula pendant 36 heures pour venir aider les populations sinistrées de l'Est canadien. On les voit ici déployant le drapeau manitobain à Casselman, Ontario. (Julie Oliver, Ottawa Citizen)

Ci-dessous : Gary Hastings et Lairn Allin de Langley Utilities, sont venus de Bowmanville travailler pour Ontario Hydro. (Wayne Hiebert, Ottawa Citizen)

À gauche : Quelques instants de détente pour ces employés de Manitoba Hydro venus à Casselman. Trouvant le temps très clément pour un 20 janvier, ils nous font admirer un peu de musculature manitobaine. À l'arrière-plan, de g. à dr. : Larry Thorkelson, Owen Hagan, Sean Cleff. Au 1er rang: Darryl Rempel et Jeff «Chesty» Johnston.
(Julie Oliver, Ottawa Citizen)

À droite : La même équipe pressée d'en découdre avec le verglas.
(Julie Oliver, Ottawa Citizen)

Ci-dessus : À Farnham, le premier ministre Jean Chrétien rencontre des monteurs de lignes américains venus soutenir leurs collègues québécois dans le triangle noir. (Alain Dion, La Voix de l'Est)

À droite : La reconstruction du réseau à Sainte-Julie sur la rive sud de Montréal. (Robert Nadon, La Presse)

Poteau par poteau, les monteurs travaillaient des quarts de seize heures pour reconstruire un réseau durement handicapé ou complètement détruit dans certains endroits. (Alain Dion, La Voix de l'Est)

Chapitre six

UNE CATASTROPHE NATURELLE?

« S'il y a quelque chose que j'ai appris au fil des ans, c'est que les plus grands problèmes nous viennent de Dame Nature. »

– René Paquette, Protection civile Canada

Un arbre oscille dans le vent, courbé sous sa chape de glace, chacune de ses branches s'efforçant de supporter ce poids inhabituel. Le sol alentour semble recouvert non de neige mais d'une meringue épaisse. Le vent gémit et crépite. Sec comme un coup de revolver tiré depuis les nuages, un craquement retentit : une branche vient de céder. Sa chute s'interrompt à mi-hauteur du sol gelé et elle reste suspendue, inutile. Un instant, la nature paraît retenir son souffle, puis le vent reprend ses sifflements ; de la rue voisine parvient un autre craquement suivi du bruit sourd d'une autre chute.

Dans toute la zone verglacée, du pas de la porte ou de la fenêtre de notre cuisine, nous avons assisté à des scènes semblables. Il y avait quelque chose de terrifiant et d'inéluctable dans ces craquements : les arbres pouvaient se fendre ou casser n'importe où, à tout moment, et nous étions impuissants.

À gauche : À leur réveil, le jeudi 8 janvier, les habitants de Brockville contemplèrent des scènes comme celle-ci photographiée devant une maison de la rue King Ouest, à l'est de la rue Cedar. (Phil Kall, Brockville Recorder and Times)

Au bout de quelques heures de tempête, il était clair qu'elle serait désastreuse. Le 6 janvier, des piétons tentent de se frayer un chemin au milieu des branches qui jonchent les trottoirs de la rue Édouard-Montpetit à Montréal. (John Mahoney, The Gazette)

ment. Même si ces informations n'ont pas été divulguées, à l'époque, il est clair que le réseau était alors aussi faible qu'un enfant malade. En dépit du manque d'informations, ou peut-être à cause de celui-ci, des rumeurs se mirent à circuler sur un *blackout* généralisé. Il fut vite impossible de trouver la moindre bouteille d'eau dans la pénombre des supermarchés et des dépanneurs. Des familles entières abandonnèrent leur domicile. Avec appréhension, elles se dirigèrent vers les centres d'hébergement, serrant des sacs de plastique, des oreillers et des valises emplis de vêtements et d'objets personnels. Ceux qui l'envisageaient, auraient eu bien du mal à quitter Montréal. Le métro ne fonctionnait qu'à cinquante pour cent et les grands axes routiers vers la banlieue étaient complètement embouteillés. Quant aux ponts qui desservent l'île, ils étaient fermés en raison des risques de chutes de glace. Près de deux millions de personnes étaient prises au piège, craignant le pire.

Le pire ne survint jamais. Le réseau de distribution d'électricité ne s'effondra pas totalement, il n'y eut pas d'incendie majeur. Toutefois, si les conditions avaient empiré et si les ponts étaient restés ouverts – autrement dit, s'il avait été plus facile de sortir de l'île de Montréal – une ville entière aurait peut-être tenté de fuir.

À gauche : Le 10 janvier, dans la rue Hampton du quartier Notre-Dame-de-Grâce, les habitants eurent recours à des casques pour se protéger de la chute de glace ou de branches pendant qu'ils ramassaient les débris jonchant rues, entrées et jardins. (Marcos Townsend, The Gazette)

À droite : Vendredi 9, quatre jours après le début de la tempête, près de 1,4 million de foyers québécois et ontariens – soit plus de 3 millions de personnes – sont privés d'électricité. Dans le courant de l'après-midi, la majeure partie du centre-ville de Montréal est plongée dans le noir, puis vient le tour des stations d'épuration. Les autorités municipales conseillent à la population de faire bouillir l'eau... si possible. La moitié des stations de métro sont en panne et les raffineries sont menacées. Sur cette photo, on peut voir des policiers en patrouille rue Sainte-Catherine. (John Kenney, The Gazette)

Une ville assiégée par la glace et la neige, Montréal-sous-Verglas. (André Pichette, The Gazette)

Mardi 6 janvier, rue Hingston à Montréal. La veille, les cols bleus municipaux avaient répandu des abrasifs en pure perte. (Richard Arless, The Gazette)

À Châteauguay, une petite ville au sud de Montréal, les écoliers étaient en vacances forcées. (Phillip Norton)

Église Saint-Andrew à Châteauguay. (Phillip Norton)

La beauté dévastatrice de la tempête séduisit de nombreux photographes amateurs qui bravèrent les éléments. L'intérêt de celui-ci s'est porté sur les branches recouvertes de glace du Carré Dorchester. (Martin Chamberland, La Presse)

Ci-dessus: Stupéfaite par ce qui l'entourait, Arlene Gaudreault, une photographe amateur montréalaise, passa des heures sous la pluie. Cette photo prise le 7 janvier montre l'état de sa rue dans le quartier Notre-Dame-de-Grâce. (Arlène Gaudreault)

À droite: Petit matin frisquet dans la rue Craig Henry à Nepean, Ontario. Lorna Jessemy pose sous une arcade de branches pour son ami Gerald Martin. (Wayne Cuddington, Ottawa Citizen)

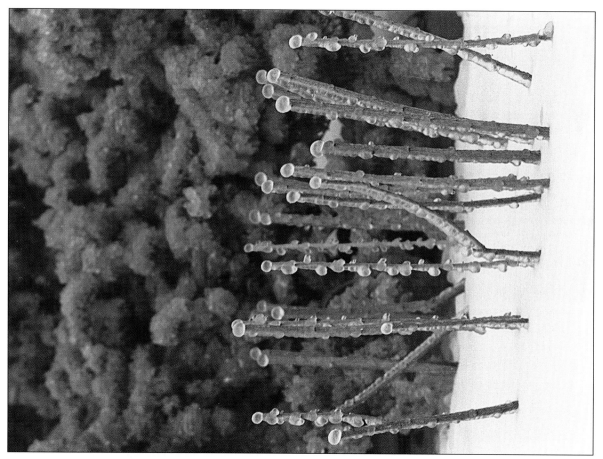

Ci-dessus: Petites boules de glace délicatement posées sur des branchages... le charme de ce mois désastreux. (Arlène Gaudreault)

À gauche: Beauté dangereuse sur branche de sapin. (Arlène Gaudreault)

«Mon pays, ce n'est pas un pays, c'est le verglas...» et les photographes s'en donnèrent à cœur joie. Une brindille immobile dans un champ glacé près de Saint-Rémi, Québec. (Phillip Norton)

Près de Saint-Rémi. (Phillip Norton)

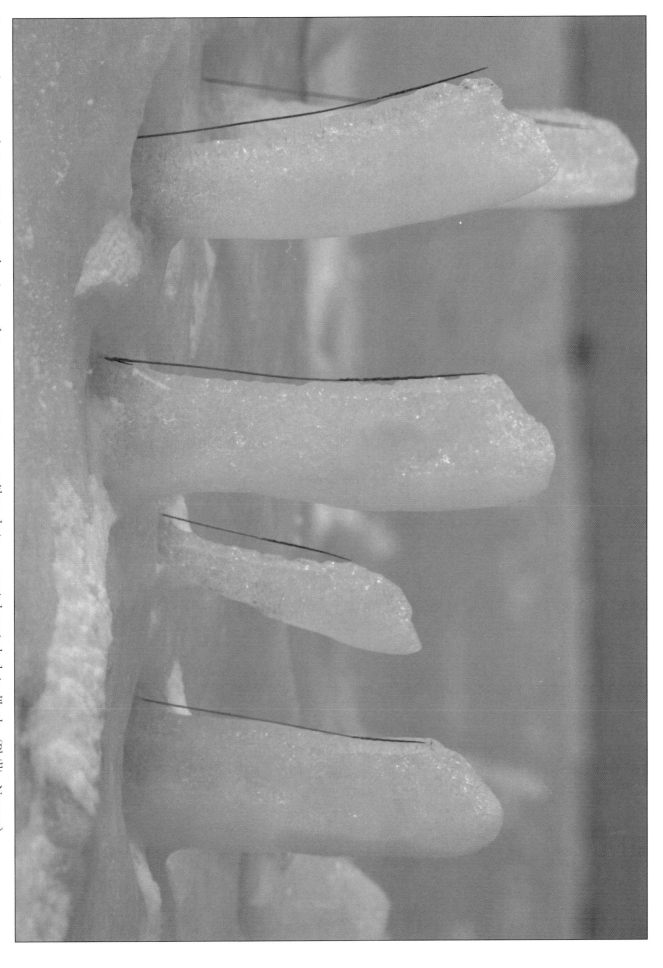

Dans un champ près de Saint-Rémi. Le verglas s'accumulait sur à peu près tout ce qu'il touchait, y compris le moindre brin d'herbe. (Phillip Norton)

Ses locataires, espérons-le, étaient à l'abri dans le sud plutôt qu'ici, à Châteauguay. (Phillip Norton)

Le verglas a ajouté sa touche à cet inukshuk à l'extérieur du Musée de la civilisation, Hull, Québec.
(Lynn Ball, Ottawa Citizen)

Sur le mont Royal, 80 % des arbres (environ 140 000) ont été gravement endommagés. (André Pichette, The Gazette)

Dix jours après les premières gouttes de pluie verglaçante, la glace est encore épaisse sur ces décorations de jardin, au bord de l'autoroute 227 près de Rougemont, Québec. (Peter Martin, The Gazette)

Chapitre sept

ET LA LUMIÈRE FUT !

« [L'Éternel] répond à Job, de la tempête, et dit: As-tu accédé aux réserves de neige? Vois-tu les réserves de grêle [...] ? Du ventre de qui sort la glace? Le givre des cieux, qui l'enfante ?»

– Livre de Job, ch. 38, 1,22,29
(traduction d'André Chouraqui, 1989)

Nous avons supporté l'épreuve. Nous en sommes sortis. Ce ne fut pas facile, il n'y eut pas vraiment de réjouissances. Lorsque diminua l'intérêt pour l'aspect spectaculaire de la tempête et que les difficultés commencèrent à faire partie du quotidien, Peter Mansbridge et Lloyd Robertson retirèrent leurs anoraks et Bernard Derome retrouva son pupitre. Les journaux locaux se firent un devoir de publier les photos de politiciens effectuant leurs visites de solidarité en hélicoptère. Les politiciens, eux aussi, finirent par regagner leurs pénates. Heureusement, les équipes d'Hydro continuèrent le travail.

D'heure en heure, les poches de résistance de l'obscurité urbaine furent prises d'assaut. Il fallut des jours, des semaines et même des mois

À gauche : Le vendredi 9 janvier, cette famille de Rougemont rassembla quelques objets personnels avant de fuir leur maison cernée par le verglas pour trouver réfuge ailleurs. (Denis Courville, La Presse)

Dix jours après le début de la tempête, cette ferme de Saint-Jean-Baptiste-de-Rouville était toujours en état d'hibernation. (Dave Sidaway, The Gazette)

aux cols bleus municipaux pour débarrasser les ruelles de tous les débris, mais pour la plupart, les villes retrouvèrent le cours normal de leurs activités, ou son semblant approximatif, à une vitesse stupéfiante.

Pourtant, loin des caméras, dans la solitude et la pénombre de leurs maisons ou la camaraderie forcée des centres d'urgence, ils étaient encore nombreux à être privés d'électricité. Dans des dizaines de villes et villages, dans quelques milliers d'exploitations agricoles, des gens vivaient encore dans le noir.

Estimant que les médias, par négligence ou par oubli, les avaient abandonnés à leur sort, certains habitants des régions éloignées furent froissés par la couverture de moins en moins importante qui leur était consacrée. À tort ou à raison, l'attention qu'on leur avait accordée avait semblé signifier que l'on s'inquiétait pour eux.

Dans ces régions, la situation demeura critique bien après le retour de l'électricité dans les villes, et la solidarité de la première heure parmi les victimes de la crise commença à s'émousser. Leur patience aussi. Des clivages naquirent, non pas selon les vieux critères politiques ou linguistiques, mais entre «ceux qui avaient du courant» et «ceux qui n'en avaient pas». Ces derniers vivaient pour la plupart à l'est et au sud de Montréal et avaient sans nul doute droit à l'aide si controversée de 10 $ par jour décidée par le gouvernement – ce que les critiques surnommèrent rapidement «les dollars à Bouchard». Le 21 janvier, il ne restait plus que 75 résidences et entreprises sans électricité dans la métropole, moins de 2400 dans les Laurentides et l'Outaouais, 17 500 en Ontario. Mais dans le secteur qui comprenait le «triangle infernal», pour 166 200 résidences et commerces, c'était toujours la même interminable panne.

Un mois de janvier éclopé tira à sa fin, suivi d'un février traînant la patte. Plus de soixante mille personnes, presque exclusivement dans le

Une ferme de Saint-Césaire, Québec. (Robert Skinner, La Presse)

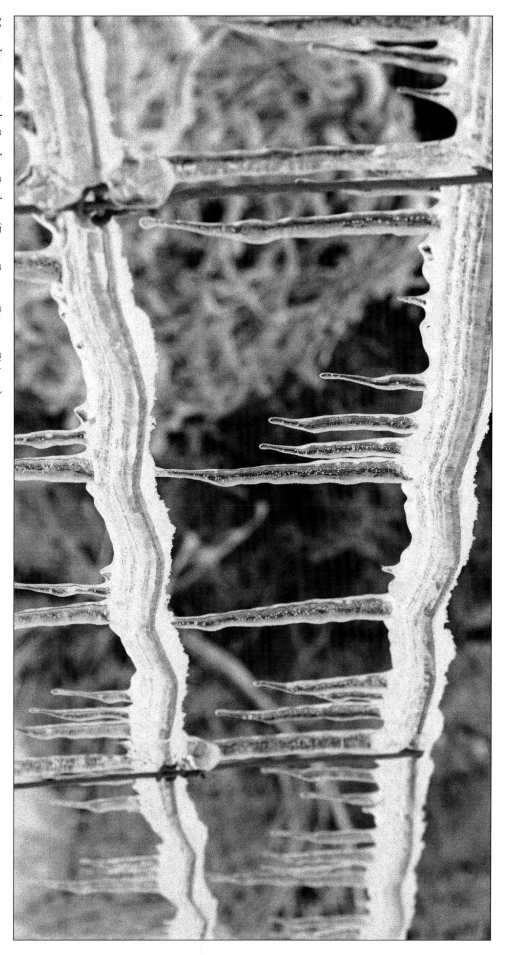

Une clôture près de Cantley, Québec. (Drew Gragg, Ottawa Citizen)

« triangle », continuaient d'attendre le retour du chauffage, de la lumière, du travail, d'une diversion quelconque, de tout ce que sous-entend la notion de « vie normale ». Jamais les enfants n'auront été aussi impatients de retourner à l'école.

Les *réfugiés*, ou ceux qui continuaient le combat chez eux, à coup de génératrices ou de feux de bois, n'avaient plus du tout l'impression que

nous étions tous ensemble dans cette galère. Nous ne l'étions plus. Dans les secteurs les plus ravagés, le courage dont faisaient preuve les gens de tous âges était admirable, mais le tribut à payer fut lourd et les cicatrices seront longues à guérir.

Il fallut attendre le 8 février – cinq semaines après la tempête – pour qu'Hydro-Québec redonne le courant à la dernière centaine d'abonnés qui en étaient privés. Il faudrait encore attendre pour qu'il soit rétabli dans toutes les cabanes à sucre et tous les chalets du sud du Québec.

Les conséquences matérielles de la tempête de glace, surtout dans les forêts et les parcs ravagés comme le Mont-Royal, seront ressenties pendant des années. Les conséquences psychologiques risquent de l'être également.

« Il n'y a pas de doute que la tempête a touché directement plus de gens que tout autre phénomène climatique de l'histoire du Canada. [...] Ce que les hommes ont mis cinquante ans à ériger, la nature n'aura pris que quelques heures pour le démolir, » écrivait récemment David Phillips dans son livre *Blame It on the Weather* (C'est la faute du climat).

Alors, qu'est-ce qui nous a permis de traverser cette crise ? Pas seulement nos réserves de nourriture et de bonne volonté. Pas seulement le dévouement des équipes de monteurs de lignes, des soldats, des bénévoles et des gens de la Croix-Rouge. Pas seulement la foi en ce beau temps censé succéder à la pluie. Ce qui nous a permis de continuer, ce sont les histoires.

Les journaux réalisèrent l'impossible pour continuer de paraître et transmettre les informations tant attendues par des lecteurs anxieux. Tout aussi crucial fut le rôle de nombreuses stations de radio, et cette tempête de glace a confirmé l'importance de ce média. L'oreille collée contre un transistor, vous pouviez profiter des conseils sur la manière d'obtenir un peu de lumière et de chaleur. Vous aviez les informations de dernière minute sur les centres d'hébergement et les secours d'urgence. Vous pouviez écouter les mises en garde sur ce qu'il ne fallait pas faire : se chauffer avec un barbecue, par exemple. Vous pouviez demander des suggestions sur la manière de garder un iguane au chaud, et vous et votre reptile pouviez mettre à profit les conseils de cinq ou six autres auditeurs.

Près de Saint-Jean-Baptiste-de-Rouville, Québec. (Dave Sidaway, The Gazette)

Ci-dessus: Il n'y avait rien à craindre de ces fils électriques jonchant une rue de
Saint-Isidore, Québec, aucun courant n'y circula pendant des semaines.
(Phillip Norton)

À droite: les compteurs d'électricité ne tournaient plus beaucoup!
(Rémi Lemée, La Presse)

Mais surtout, vous pouviez entendre les autres raconter leurs histoires. La radio peut se révéler le plus démocratique des médias, car elle permet à tout un chacun d'y aller de son récit, qu'il soit riche ou pauvre, jeune ou vieux, beau ou laid. D'ordinaire, je ne suis pas un adepte des tribunes téléphoniques, mais pendant « le verglas » j'en devins un auditeur fidèle. Je pouvais y apprendre mille choses utiles de la bouche de Mme Fortier de Saint-Hyacinthe ou de M. MacKenzie d'Hudson Heights. Et même s'ils ne m'apprenaient rien de neuf, cela me rassurait de les écouter parler. Partagée, l'infortune semble moins lourde à porter. Écouter d'autres gens décrire leur façon de s'en sortir paraissait nous rendre moins vulnérables. Nous n'étions pas seuls, après tout.

Il devint clair que le manque d'énergie n'était pas lié à l'âge, à la pauvreté ou à l'isolement. Ceux qui en manquaient le plus, dans un sens, étaient ceux qui, sans chauffage ni lumière, ne possédaient même pas de radio à piles. Ceux-là étaient vraiment seuls avec leurs pensées, sans personne avec qui partager leur détresse.

La crise nous a aussi rappelé l'existence de notre prochain : non pas quelque voix désincarnée marmonnant dans le cyberespace, mais un être de chair et de sang qui vit dans la maison voisine. Dans un livre récent, *The Virtual Community* (La communauté virtuelle), Howard Rheingold glorifie l'émergence d'un « système nerveux planétaire », mais sous le poids de la glace, la communauté virtuelle s'est virtuellement aplatie. Nos correspondants électroniques ne nous ont pas ouvert leur porte ; ils n'avaient pas de bûches à nous offrir, ni de génératrices, ni même d'anecdotes à partager. Depuis les gradins du grand terrain de jeu virtuel, ils ne

Pylônes d'Ontario Hydro endommagés près de Russell. Les dégâts subis par le réseau électrique ontarien ont été moindres qu'au Québec mais néanmoins impressionnants : 11 000 poteaux, 1000 transformateurs et 300 pylônes d'acier ont été détruits. (Lynn Ball, Ottawa Citizen)

pouvaient guère faire plus que nous encourager ou se lamenter pour nous.

Ce qui nous a permis de renouer les liens avec notre prochain, avec notre voisin, fut justement l'effondrement de la technologie électronique. Privés de nos gadgets habituels, nous étions libres de communiquer avec le reste de notre collectivité, d'être, si vous préférez, interactifs et conviviaux. Cela dit, ne soyons pas simplistes tout de même ; la radio est un produit de l'ingéniosité technique et elle sut rapprocher les gens.

Dans le superbe film d'Ang Lee, *The Ice Storm*, la détérioration du climat devient le symbole de la léthargie morale de l'Amérique du début des années 70. L'intrigue se déroule le jour de l'Action de grâces, bien que les personnages désemparés n'aient pas la moindre idée des raisons pour lesquelles ils rendraient grâce. Bien avant que la funeste pluie ne tombe des cieux, leurs cœurs ne sont plus que blocs de glace et la chaleur humaine se vend au rayon des surgelés. Mais c'est du cinéma ! Dans la «vraie vie », la tempête de 1998 aura été vécue dans un immense élan de générosité. En termes de sentiments humains, elle aura été génératrice de lumière et de chaleur.

Mais trêve de sentimentalisme, la crise eut son content d'escrocs et de profiteurs. Avec du recul, il s'avère qu'elle généra aussi une sérieuse perte de confiance, non envers les individus mais à l'endroit des institutions. Les audiences publiques, organisées par le gouvernement québécois dès le printemps, ont révélé une insatisfaction profonde quant à la manière dont la crise avait été gérée. Les porte-parole municipaux ont blâmé l'organisme de la Protection civile, le ministère de la sécurité publique a critiqué les politiciens locaux, et Hydro-Québec a subi les foudres de bien des gens. Si une telle situation devait se reproduire – quand elle se

Dans le centre d'urgence ouvert dans la polyvalente Sacré-Cœur à Granby, Jeannette Wilson écoute les informations. (Pierre McCann, La Presse)

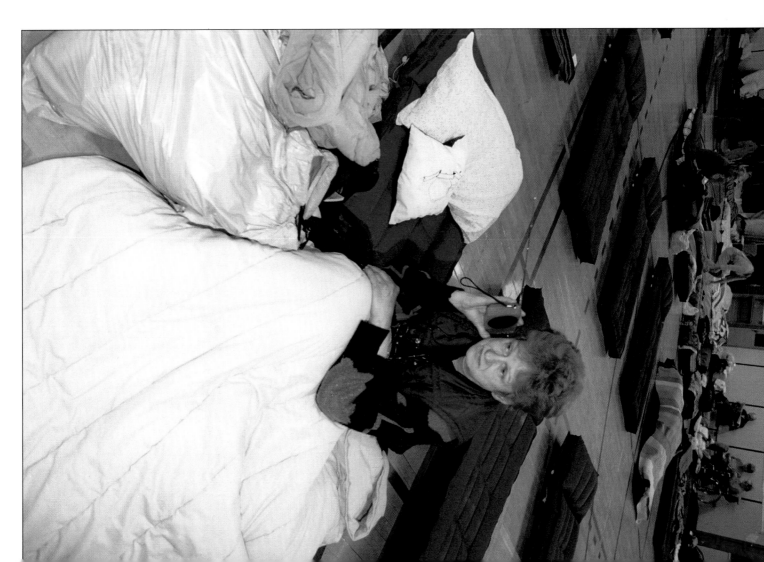

reproduira –, il faut espérer que l'organisation et la coordination des mesures d'urgence auront été sérieusement améliorées.

À une échelle plus grande, la crise a forcé beaucoup d'entre nous à s'interroger sur la fragilité de notre manière de vivre. Notre vulnérabilité face aux éléments a été bien plus grande que quiconque aurait pu l'imaginer. Une «assurance tous risques» n'est peut-être après tout qu'un vœu pieux, une vue de l'esprit. Dans la théorie du chaos, il est une métaphore qui affirme qu'un battement d'ailes de papillon au Brésil peut avoir pour répercussion ultime une tornade au Texas. C'est le cauchemar de tout planificateur, le fantasme de tout anarchiste. Car, s'il faut en croire le dernier livre de I. G. Simmons, *Changing the Face of the Earth*, «L'Histoire et la théorie du chaos, semblent indiquer qu'aucun système n'est à l'abri de changements imprévisibles». S'il nous est impossible de prévoir ce que sera la prochaine «crise», nous pouvons néanmoins y être mieux préparés.

Même dans le «triangle noir», le courant finit par être rétabli. Les centres d'hébergement de Granby, de Saint-Jean-sur-Richelieu et de Saint-Hyacinthe fermèrent leurs portes; les sinistrés épuisés rentrèrent chez eux. Ils n'auraient plus à passer d'interminables journées devant un insipide téléroman, une feuille de bingo ou une planchette de crible. Ils ne connaîtraient plus les nuits passées à écouter les ronflements d'inconnus. Avant que les derniers sinistrés n'aient regagné le froid de leurs domiciles, les cinémas ouvraient à nouveau. Les hélices du Titanic, il fallait s'y attendre, se remirent à tourner et ses producteurs à faire des affaires d'or. Pour se changer les idées, ceux et celles qui étaient aux prises avec les difficultés de se reconstruire un foyer, prenaient leur voiture et quittaient les secteurs dévastés pour aller voir le film.

Malgré la masse qui le surplombe dangereusement, un fermier de Saint-Jean-Baptiste-de-Rouville grimpe sur le toit de sa grange pour le déglacer.
(Dave Sidaway, The Gazette)

Ci-dessus: Un camion couvert de glace près de Chambly, Québec. (Peter Martin, The Gazette)

À droite: Le temps semble s'être figé pour cette carriole oubliée près d'une ferme québécoise. (Dave Sidaway, The Gazette).

Mais pour ces voyageurs confortablement assis au chaud dans leurs fauteuils, croquant du popcorn et regardant une machine censée être invulnérable sombrer brutalement dans les abysses de l'histoire, le récit semblait incroyablement d'actualité. Ils étaient parvenus aux canots de sauvetage, ils avaient traversé une autre « grande noirceur », ils avaient défié la glace, ils avaient survécu.

Le 17 janvier, on s'affairait à briser la glace dans la rivière Richelieu, près de Saint-Jean-sur-Richelieu, pour éviter la formation d'une embâcle et une inondation possible. (Marcos Townsend, The Gazette)

Parc Lafontaine, Montréal, 17 février. Sylvia Powell et son chien Djukei entourés des tas de copeaux produits par le déchiquetage des arbres et des branches abattus par la tempête. (Gordon Beck, The Gazette)

Bien des gens hésitaient à quitter leur
domicile. Gerald Myles, 80 ans, s'éclaire
à la bougie dans sa maison du canton de
Ramsay, Ontario.
(Bruno Schlumberger, Ottawa Citizen)

Ci-dessus: On s'affaire à déblayer la neige le long de l'autoroute 30, au sud de Montréal, pour faciliter le remplacement des pylônes endommagés par des structures temporaires. (Dave Sidaway, The Gazette)

À droite: Les machines, comme les arbres, étaient prises au piège. (Drew Gragg, Ottawa Citizen)

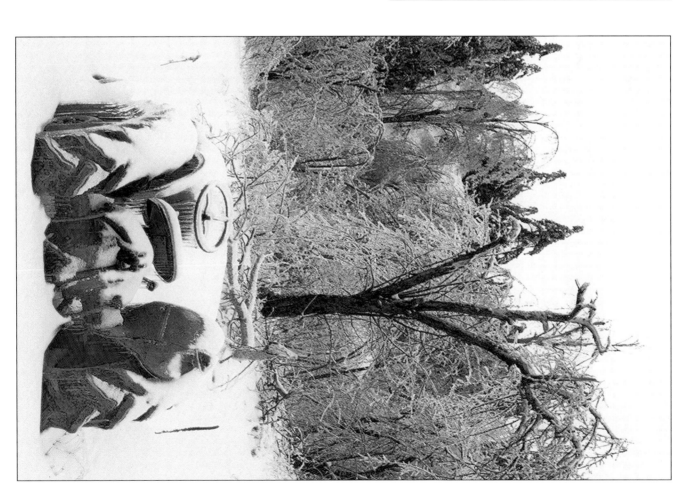

À gauche : Régis Tremblay et ses collègues réparant les lignes près de Saint-Mathias, Québec. M. Tremblay a travaillé une moyenne de seize heures par jour tant qu'ont duré les travaux de reconstruction du réseau. (Marcos Townsend, The Gazette)

À droite : Résigné, attendant la fonte printanière ou la visite des équipes de nettoyage, cet ange de pierre du cimetière de Notre-Dame-des-Neiges, sur le mont Royal, semble réfléchir aux conséquences de la tempête. (Gordon Beck, The Gazette)

LES PHOTOGRAPHES

Richard Arless,
The Gazette

Mark Calder,
Brockville Recorder and Times

Lynn Ball,
Ottawa Citizen

Phil Carpenter,
The Gazette

Gordon Beck,
The Gazette

Martin Chamberland,
La Presse

Alain Bédard,
Le Nouvelliste

Dave Chan,
Ottawa Citizen

Bernard Brault,
La Presse

Paul Chiasson,
Canadian Press

Denis Courville,
La Presse

Belinda Foster,
Cornwall Standard Freeholder

Phil Kall,
Brockville Recorder and Times

Pierre Côté,
La Presse

Marie Duhaime,
La Nouvelliste

Wayne Hiebert,
Ottawa Citizen

Peter Cooney,
The Gazette

Patrick Doyle,
Ottawa Citizen

Drew Gragg,
Ottawa Citizen

Marie-France Coallier,
The Gazette

Alain Dion,
La Voix de l'Est

Jean Goupil,
La Presse

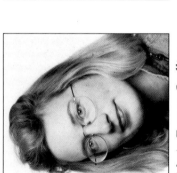

Deanna Clark,
Brockville Recorder and Times

Wayne Cuddington,
Ottawa Citizen

Nick Gardiner,
Brockville Recorder and Times

John Kenney,
The Gazette

Michael Lea,
Kingston Whig-Standard

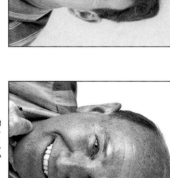

Rémi Lemée,
La Presse

Todd Lihou,
Cornwall Standard Freeholder

Ian MacAlpine,
Kingston Whig-Standard

Rod MacIvor,
Ottawa Citizen

Robert Mailloux,
La Presse

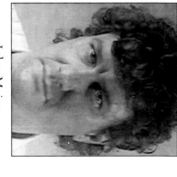

John Mahoney,
The Gazette

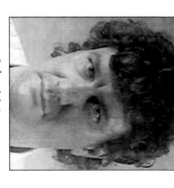

John Major,
Ottawa Citizen

Malak,
Ottawa Citizen

Sylvain Marier,
Le Droit

Pierre McCann,
La Presse

Pat McGrath,
Ottawa Citizen

Chris Mikula,
Ottawa Citizen

Etienne Morin,
Le Droit

Julie Oliver,
Ottawa Citizen

Dave Sidaway,
The Gazette

Pierre Obendrauf,
The Gazette

Bruno Schlumberger,
Ottawa Citizen

Ronald Zajac,
Brockville Recorder and Times

Philip Norton

Michel St-Jean,
La Voix de l'Est

Armand Trottier,
La Presse

Robert Nadon,
La Presse

Ryan Remiorz,
Canadian Press

Marcos Townsend,
The Gazette

Dave Mullington,
Ottawa Citizen

André Pichette,
The Gazette

Robert Skinner,
La Presse